任性出版

大學不知道

別讓大學放榜那一天，
成為你人生最高峰。
那些畢業後海放同學的人，都怎麼成長？

不去當醫生也不去當律師的作家
郭小玲（Elaine）——著

CONTENTS

推薦語

成功的人生不是只有一種樣貌，每個人都想掌握人生，走出屬於自己的路，但過程中最難的不是沒有人懂你，而是會發現你也不太懂自己，只有透過不斷嘗試、學習失敗、思維成長、改變自己，才會發現成功的美好其實來自於過程中的曲折，而不是任人擺布的一帆風順，當相信自己有掌握自己人生的能力時，便會知道自己的未來有無限可能。

軟體產品經理&職場內容創作者／小人物職場

出社會幾年、正值二十六歲的我，還在拿捏工作與生活間的平衡，儘管迷茫，但也許再一眨眼三十歲就要到來，《大學不知道》告訴了我們如何重新定位自己的人生觀，多逼自己一點、為自己所做的「關鍵選擇」投注努力。讓我們一起邁出堅定的步伐，邁向未來吧！

已成為上班一族ㄉ圖文插畫家／少女阿妙

我是啟夢創辦人，主要在協助高中生探索大學科系，解決迷惘的問題。這本書我誠摯推薦三十歲以下的年輕人閱讀，包含剛進職場、大學生與高中生。

作者有兩句話讓我特別有感——「人生最後悔的事情就是：我本可以。」、「你不逼自己一把，根本不知道自己有多優秀。」在我的觀察下，許多年輕人常遇到一個狀況：我想變更好，但我不知道該怎麼辦？本書提供許多超實用觀念與做法，讓我有一種如果我在高中時就能有這樣的思維該有多好的感觸！誠摯推薦你稍微翻一下書的內容，你就可以慢慢感受不一樣的自己。

啟夢教育創辦人／許匡毅

三十歲的自我，是經歷社會訓練後，由底氣、原則塑造而成的雛形階段。作者運用邏輯圖表與易懂文字，將親身經歷的階段課題轉換成方法模組的內容，引導讀者建構成長型思維。

推薦給三十歲以前，或行走於自我旅程上的你，這本書將成為獲取靈感的最佳旅伴。一起在接下來，開始活成自己最理想的模樣吧！

蔡森數位創意創辦人、自媒體經營者／晚期WanChi

自序

大學不知道，現在開始也不晚

感謝你打開這本書，在正式閱讀之前，我想先問你幾個問題：

你今年幾歲呢？

你想像過自己到三十歲，會是什麼樣的畫面嗎？

事業蒸蒸日上？結婚了？有孩子？

你過著自己理想的生活了嗎？

你不用急著回答我，你只需要問清楚你自己，問清楚你的內心。

我和大部分人一樣，在人生前二十五年的成長，都是抱著一種隨波逐流的態度，沒有計畫的蒙頭亂撞，撞上什麼就是什麼，即便取得一些小成績，也經常依賴外部的運氣和機會。直到二十五歲那年，我選擇「滬漂」（按：離家到上海），第一次對自己下狠手，刻意成長，收穫到一個完全不一樣的人生。

為此，我將這十年的成長，劃分為三個重要階段：

◈ 探索期：大學五年（二〇一一年至二〇一六年）

在大學那五年，是我增長學識、拓寬視野最重要的時期。

二〇一一年，農村出身的我，考上了省會城市的一所醫學院校，第一次離開家鄉，去大城市求學。大學期間，我主修醫學和法律雙主修，每天幾乎把三分之一的時間都泡在圖書館，閱讀各式各樣的書籍雜誌，充實自己各方面的知識。因為對文字感興趣，機緣巧合成為《中國青年報》的實習記者，有機會去全國各地採訪，結識了五湖四海優秀的朋友，見到了一個更大的世界。

你對人生的勇氣，在於你行走的範圍。至今，我仍然感謝大學期間沒有受限於所學的專業，而是在自己的能力範圍內，努力去拓寬眼界和格局。一個人的眼界，決定他所能看到的世界。當你的視野被打開，才會發現原來生命可以擁有那麼多種可能。

成長的開端，也就是相信自己擁有無限種可能。

◈ 迷茫期：畢業兩年（二〇一六年七月至二〇一八年）

畢業那兩年，是我人生至暗的迷茫時期。和大部分剛走出象牙塔的大學生一樣，我也不知道自己真正想要什麼，誤打誤撞進入一家世界五百強企業。但在進入該企業兩個月後，我就知道那種一眼似可望到盡頭的日子，實在不是我想要的人生。於是，我開始走上一條新的道路——考研究所。

但接連兩次失利，一度磨滅了我對人生所有的信心。如同作家劉同所說的：「**正在經歷的孤獨，我們稱為迷茫。經過的那些孤獨，我們稱為成長。**」

二十幾歲，我們充滿對事業、方向、夢想的迷茫。但迷茫並不可怕，可怕的是就此停滯不前，不願意去尋找答案。

◈逆襲期：滬漂三年（二〇一八年至二〇二一年）

二〇一八年，在接連經歷國營企業「裸辭」、考研究所失利後，我獨自踏上滬漂尋找答案之路。而接下來的三年，也是我成長最快的時期，幾乎每一年都實現了階段性的進步。

這三年裡，我閱讀超過一千本的書籍，購買超過一百個知識付費產品，和超過兩百位菁英進行過深度交流，讓自己快速蛻變。這才有了一點點小成績，逐漸活成自己想要的樣子：專訪過作家余秋雨、中國一級指揮家曹鵬、《奇葩說》辯手熊浩等各行業大咖，文章被《人民日報》、新華社等平臺轉載，寫出了上百篇超過十萬次閱讀量的爆款文，全網積累了十萬多位粉絲，受出版社邀約分享自己的成長經歷。以至於當初站在同一起跑線的同學再見面時，都笑稱：「士別三年，妳的成長簡直天翻地覆，我們都只有膜拜的份。」

自從去北上廣（按：北京、上海、廣州），有機會接觸許多專家名人，我開始重新思考人生，才恍然覺得當初的想法有多狹窄。

二十歲以後，格局的大小，視野的寬窄，才是人生的決定要素。你可以不讀書、不冒險、不寫作、不外出、不折騰，但是人生最後悔的事情就是：我本可以。

對於「九〇後」、「〇〇後」（按：分別指一九九〇年和二〇〇〇年出生的人）來說，**如果你不在二十幾歲時逼自己一把，刻意成長，根本不知道自己可以有多優秀，人生會有什麼樣的可能性。**

刻意成長，才能逆風翻盤

在寫本書之前，我曾發起過「天使讀者」（按：在創作平臺以訂閱的方式贊助支持自己喜歡的創作者的人）訪談，以及做過一個「百人助夢」計畫（免費幫助一百人做成長諮詢）。據不完全統計，我和上百位二十歲至三十歲的年輕人深度訪談，發現在成長過程中，至少四〇%的人在迷茫期、五〇%的人在自我懷疑期、一〇%的人在無計畫期。

- 迷茫期：沒有目標，不喜歡自己的工作，沒有動力。
- 自我懷疑期：覺得自己能力不行，想提升自己但不知道從何做起。
- 無計畫期：有明確的目標，但是不知道具體該怎麼去做。

不管你中了以上哪一點，其實都說明了一個問題：不少二十多歲的年輕人，看不清目標，沒有方向、沒有方法。那麼，如何破解這些成長的瓶頸點，在三十歲之前，成為自己想成為的人？答案只有四個字：刻意成長。

什麼是刻意成長呢？有生活經驗的人都知道，一株小樹苗想要長成參天大樹，必然離不開園丁在其生長過程中的修剪加工。一個人的成長也是如此，需要你在關鍵時刻逆著人性，丟掉暫時的安全感，去學習和掌握核心知識，才能收穫一個不算太差的人生。大致可以總結為三步：首先，你要覺察到自我的不足、待提升之處。其次，你要走出舒適圈，找到可以解決不足之處的正確知識，不管是求教於人還是書本。最後，透過刻意練習，實現刻意成長。

就像我剛進入職場那段時間，當意識到朝九晚五的工作並不是我想要的理想生活。我選擇帶著極大的恐懼，去嘗試人生新的可能性。雖然我經歷了兩次考研究所失敗，後來又義無反顧的滬漂，反而讓我找到成長的正確道路。再經過三年的刻意成長，讓我現在擁有了足夠的底氣和能力，去迎接生活帶給我的任何挑戰。

千萬不要小看刻意成長，見過很多人，經歷過很多事情，你就會發現，二十歲至**三十歲，從時間維度上看只有十年；但從人生發展的角度看，其實是你的「一生」，因為它基本上決定了你所選擇事業的方向，未來經濟的基礎，以及遇到美好婚姻的機率，絲毫經不起一點浪費。**

成長有模型，成功有跡可循

在即將步入三十而立的年齡，重新回顧這十年的成長，我深知，**成年人的世界裡，哪有那麼多逆襲，有的不過是有備而來、不甘平庸、敢闖敢拚的一腔孤勇而已。**

事實上，我一直不太理解的是，我們學數學有課本的指南，學物理有老師的指導，可在人生這麼重要的事情上，卻缺少了關於成長的教育和指導。

我們在讀書的十幾年中，非常熟悉學校的環境和應對方法，知道如何學習才能提高成績，知道如何考試才能通關升級。可一旦走出「象牙塔」，就很少有人能給予指引，只能自己摸索前進，至於最後會探索出什麼樣的道路難以預測。

成長可以複製嗎？答案是，成長，向來都是有跡可循的。因為我們今天所獲得的一切成就，都是站在巨人的肩膀上完成的。與其獨自摸索著蹣跚前行，不如借助過來人的經驗和智慧，照亮自己前進的路。

為此，我結合自己過往十年的成長，做過的五十多位大咖專訪，以及上百位年輕人的諮詢，總結出一個成長公式：

刻意成長模型＝選擇X能力X槓桿

在成長模型中，第一個重要因素，叫做選擇。

《哈利波特》（*Harry Potter*）作者 J.K. 羅琳（J. K. Rowling）說：「決定我們成為什麼樣的人，不是我們的能力，而是我們的選擇。」選擇決定命運，那麼是什麼決定了選擇？**支撐每一次選擇的背後，是你對自我認知和對社會的認知。**

三十歲之前，你第一要緊的事就是，透過認識自己，找到核心優勢。透過對社會認知的積累，找到行業機會，成為抓住時代紅利的幸運兒。

如果說選擇決定你的上限，那麼決定你能走多遠，就是你的個人能力。在刻意成長模型裡，第二個重要因素就是能力。**所有真正厲害的人，都是在選擇之後全力以赴，用思維能力、學習能力，讓自己的選擇變成最好的選擇。**

除此之外，槓桿也是非常重要的因素。一個人的能力是有限的，可以借用工具，讓你的成長加速；同時想要獲得更大的成功，你必須借助一個神奇的東西——人際槓桿，將影響力複製放大。

因此，全書按照人生成長模式，分為六章，每一章都提供了具體的思維模式和方法論，能夠幫助你邁出改變的步伐，突破你當前可能的或大或小的人生困境，去改寫出一個不一樣的人生：

- 第一章：從我的個人故事出發，分享如何認識自我，找到定位。
- 第二章：我將和你一起去探索人和人之間「最大的差距」，它不在於知識含量，也不在於經驗，而在於思維能力。

- 第三章：我將拆解高效的學習方法，幫你打通正確的學習路徑。
- 第四章：我將和你一起拆解複雜的社交關係，分享如何透過個人品牌吸引優質人際關係。
- 第五章：我將從社會發展的角度來告訴你，想要過好人生需要升級哪些認知。
- 第六章：我將和你分享提高效率的輔助方法，以及直接上手的高效工具，讓你能夠掌控人生。

我們的人生，就像是一場牌局。每個人抽到的牌都不一樣，但這已成為既定的事實，不重要了。我們要做的，不是看到自己抽到的牌比別人差，就直接棄牌出局。而是要想辦法盡最大努力打好自己手裡的牌，在現有的基礎上，靠「勢必實現」的決心認真的活著，善良、勇敢、優秀，盡力活成自己想要的樣子，讓自己和所愛的人過得更好。

作家村上春樹說：「**當暴風雨過去，你不會記得自己是如何度過的，你甚至不確定，暴風雨是否真正結束了，但你已不再是當初走進暴風雨的那個人。**」這就是暴風雨的意義。當你在二十幾歲時，就走過一段很難、很長的路，獨自穿越暴風雨。那麼恭喜你，三十歲後的人生，絢麗的彩虹會出現在天邊，陽光會穿越雲層普照大地，一切都會因為你而溫暖明亮起來。

無論世界如何，我們都要向著陽光生長，一步步成長為那個更堅強、更優秀、更耀眼的人，去照亮這個世界。

第一章

這些事，大學課堂不會教

古希臘阿波羅神廟上刻有一句箴言——
認識你自己，這是關於每個人的根本命題。

二十幾歲，向左走或向右走，大城市或小城鎮，考研究所或工作，本科系相關或轉行業，大平臺或小公司？每一個選擇看似波瀾不驚，卻可能影響和決定著你一生命運的走向。

如果說選擇大於努力，那麼是什麼決定你的選擇？支撐每一次選擇的背後，是你的認知、價值觀、原則。

這裡其實蘊含三個終極問題：「你是誰？你從哪裡來？你要到哪裡去？」每個人都應該經常問自己這三個問題。你對自我的認知越清晰，越會知道自己應該做出什麼樣的選擇。

選擇沒有對錯之分，重要的是看清自己，看清局勢，確定你想要的，以及你能要的，然後找到一條你想走的路，堅定不移的走下去。

01 二十至三十歲，別過「無比正確的人生」

做對關鍵時刻的關鍵選擇，人生就不會太差。

作家陶傑在《殺死鶴鶉的少女》中有一句話：「當你老了，回顧一生，就會發覺，什麼時候出國讀書、什麼時候決定做第一份工作、何時選定對象戀愛、什麼時候結婚，其實都是命運的巨變。只是當時站在三岔路口，眼見風雲千檣（按：成功靠風雲，失敗也會因為風雲），你做出選擇的那一日，在日記上，相當沉悶和平凡，當時還以為是生命中普通的一天。」

都說一個人一生的命運，是其所有選擇疊加的結果。可真正左右命運走向的，往往就是幾個關鍵節點的選擇，比如十八歲選擇求學的城市、所學的專業；二十五歲選擇未來一輩子從事的事業方向；二十八歲選擇後半生白頭偕老的伴侶。

只有做對關鍵時刻的關鍵選擇，人生才不會太差。

你目前的所有狀況，是你過去選擇的結果

心理學家卡爾・榮格（Carl Gustav Jung）說：「**你的潛意識正在操控你的人生，你卻稱之為命運。**」

實際上，我們大部分人都在過著一種隨意的人生，面對人生關鍵時刻的關鍵選擇，要麼「不選」，要麼「假選」，要麼「選錯」。

「不選」，比較容易懂，就是面對這些關鍵選擇，你不做任何選擇，只是憑著慣性，繼續維繫原來的生活和工作。比如到了適婚的年齡，你也並非獨身主義，但在行動上卻從來沒有積極過，不花時間擴大自己的社交圈，也從不主動跟有意願的人交流。別人介紹對象給你，你也從來沒有放在心上，只是臆想著「天上能掉下個林妹妹」。

這種不選，其實也是一種選擇：你選擇了不面對。

第二個「假選」，就是你假裝自己做過選擇、做過努力了。作家李尚龍在《你只是看起來很努力》一書中，有一個例子用在這裡很貼切。有個女孩問他：「老師，你講的題目我連答案都記得，可是為什麼考了四次，英語四級還是考不過？」

李尚龍看著女孩滿滿的筆記，百思不得其解。直到有次好長一段時間沒有在課堂上見到女孩，他才找到了答案。女孩太忙了，忙著學生會、忙著積極參加校園活動，卻唯獨沒有留出時間學英語。

「匆匆做題目，草草對答案，隨手抄解析」，就是女孩學習英語的態度。

是的，這個女孩也已經做出選擇，想通過考試，但是她沒有正確的態度，沒有意識到要達成目標是需要真正付出努力的。**你可以假裝努力，但結果並不會陪你演戲。**

以上兩個分別是不選和假選，我們再看看雖然「真選」卻「選錯」的例子。

大學時期我在《中青報》實習時，認識一位非常優秀的學長，他在畢業後加入傳統報社。但隨著行動物聯網的迅速崛起，這位學長在工作幾年後，面臨重新擇業的問題。

其實，所有的選擇都是有成本的，這種成本不僅僅是時間成本、金錢成本、機會成本，還有後期糾錯成本。選擇力不同的人，哪怕一開始差不多，最終的人生高度也會截然不同。無論你承認與否，**你目前的所有狀況，是你過去選擇的結果，你現在做的每一個選擇，都決定了未來的走向。**

做對人生重要的決策，少走彎路就是捷徑

在寫這本書之前，我發起了「天使讀者」訪談項目，以及「百人助夢」（免費幫助一百人做成長諮詢）計畫，累計和上百位二十至三十歲的年輕人，進行一對一的深度訪談，了解他們這個年齡段遇到的迷茫和困惑。大致總結如下：

在學業上，迷茫不知道喜歡什麼，不喜歡當前的科系，但也不知道自己真正喜歡什麼；是該好好專注在學業，還是多參加活動累積社會經驗？

在事業上，糾結畢業是要考研究所讀博士還是工作；是要接受小城市的安穩，還是

去大城市闖蕩；是去穩定的大企業，還是創業型的小公司？

在婚姻上，是先成家後立業，還是先立業後成家；是該聽從父母的安排接受婚姻，還是勇敢追求所愛？

二十幾歲，即便我們的成長軌跡有所不同，但遇到的問題卻是大同小異。這些問題，幾乎是二十至三十歲的年輕人，在成長路上總會遇到的「攔路虎」（按：比喻阻礙前進的人或事物）。面對這些問題，身為過來人，當我重新審視自己在二十至三十歲期間，我發現我也是這樣：

在學業上，高考（按：相當於臺灣的大學入學考試）填報志願，原本喜歡文學的我，因為家裡的人說當醫生不錯，就鬼使神差的進了一所醫學院校。

在事業上，畢業後面對著紛繁的選擇，我一開始沒有勇氣選擇自己喜歡的，而是隨波逐流選擇了安穩的工作。

在婚姻上，我在二十八歲以前更是選擇直接略過。

成長＝錯誤＋反思，現在回顧一路的成長，才發現自己的問題。但那時，沒有人告知我，更沒有人為我指明方向，以至於在一次次碰壁後，才知道那叫做「彎路」。

年輕時，雖然不可避免的要走一些彎路，但彎路一旦走多了，尤其是關鍵節點的選擇，你可能就很難抵達想要的目的地。看別人的故事，走自己的路。善於從歷史經驗中找教訓，善於從別人的教訓中找經驗，少走彎路就是成長的捷徑。這也是我寫這本書的初衷，幫助有夢想的年輕人少走彎路，找到思維突破口，遇見更好的自己。

如何做出正確的決定

關於如何做好選擇，我很喜歡小米創辦人雷軍在某次採訪中說的一段話。

雷軍：「人生不要太勉強，做自己喜歡做的事，可能是最佳的選擇。」

主持人：「如果不知道自己喜歡什麼呢？」

雷軍：「那就憑直覺。」

主持人：「也沒有直覺呢？」

雷軍：「那就撞到什麼做什麼，這就是冥冥之中註定的，人生就是這樣，就是一場經歷嘛。」

雷軍：「你撞到了這件事，你不知道自己喜不喜歡，那就先做了再說。你不喜歡，還可以改。不要怕選擇，你不喜歡可以改。」

主持人：「應該是怕選錯，走彎路吧！」

雷軍：「選錯是必然的事，每個人都會有。做很多很多的選擇，一定會有選錯時，關鍵是提高選對的成功率，而不是怕選錯。每個人一輩子，可能做了一千個選擇、一萬個選擇，怎麼在重要的選擇上，不出錯，或者少出錯，這是關鍵。那些小的選擇，無所謂對與錯。」

是的，我們不是聖人，不可能每個選擇都做對，但怎樣讓重要的選擇不出錯、少出錯，就非常關鍵。我挑選最重要的三點經驗和你分享：

◈ 在重要的選擇上，花上足夠的時間和精力

股神華倫・巴菲特（Warren Buffett）和戰友查理・蒙格（Charles Munger），都認同過一個投資理念：不要非常頻繁的進行買賣，只要幾次決定便能造就成功的投資生涯。因此，在決定投資一家公司之前，他們一定會在前期做大量調查研究，了解相關資訊，做詳盡評估。一旦做出選擇之後，他們就會長時間持有。

人生也是一樣，只要做對幾個重要的人生選擇，結果就不會差到哪裡去。

不知道你有沒有注意過一個現象，我們經常說：「選擇比努力重要」，但是面對重要選擇時，你又花了多長時間和精力在研究選擇？比如高考，我們花三年的時間，懸梁刺股的苦讀，只為考出好成績，卻不願意花一個月的時間，去考察可能決定我們一生走向的城市、學校和科系。

對重要的事情做出決策，絕對不是掛在嘴邊說說就好，必須提前做好前期工作，而且一定不要在選擇上怕麻煩，越是重要的選擇，越要付出足夠多的時間和精力。

◈ 聽大多數人的話，參考少數人的意見，自己做決定

在做一個重要決策之前，請你至少跟五位，你認為在這件事上有發言權的人，做多

次的深度交談。太陽底下沒有新鮮事，你在成長路上遇到的問題不管多難，肯定有人已經找到解決辦法。與其自己瞎琢磨，不如讓高手為你指路。

我當初決定從國營企業裸辭，滬漂之前，就先後跟我大學導師等，我很認可的，在事業上做出成績的幾位過來人，進行過深度溝通。當面把我的想法、疑慮告訴他們，詢問他們當年在面對同樣的人生抉擇時，是如何做出選擇的。

當然，他們也都從自己過往的人生經驗，給我很多分享和啟發，才讓我有勇氣從穩定裡走出來，有了後來的成長。如果無法直接和牛人（按：用來誇讚別人非常厲害）對話，你也可以閱讀他們的傳記、看他們的作品、關注他們在社交平臺上的觀點，甚至付費諮詢，請對方為你指點迷津。

但要記住，**別人的意見和經驗可以作為參考，最後要做決定的一定是自己。因為這是你的人生，你必須為自己的決策負責。過得好是你的，過得不好也只能是你自己的。**

◈一切高品質的決策，都來源於自身的成長

日本服裝設計大師山本耀司說過，「自己」這個東西是看不見的，撞上一些別的東西，反彈回來，才會了解自己。所以，跟很強的東西、可怕的東西、水準很高的東西相碰撞，然後才知道自己是什麼，這才是自我。

你是誰，你會選擇什麼樣的道路，答案在時間和行動中。你需要跟現實碰撞，只有在跟社會的真實接觸中，才能夠了解自己的能力所長、性格特點，也才能夠理解成年人

世界的規則。正確的選擇，絕對不是躺在床上，依賴著理想化的成長框架空想出來的，而是要在現實和成長中不斷試錯得出來的。在沒有找到明確的答案之前，選什麼其實並不重要，敢選、敢做的勇氣才更加重要。

我在決定要走寫作這條路之前，也是跌跌撞撞的前行。主修拿的是醫學學位，大學當了幾年的學生記者，後來又考了一個法律職業資格證，畢業那年也還是迷茫，選擇去了一家國營企業。在這個過程中，儘管我不知道自己想要什麼，但我逐漸知道自己不想要什麼。這種感覺就像考試做選擇題一樣，去掉三個錯誤選項，剩下就是正確選項。

二十幾歲，其實是一個人試錯成本最低的年齡階段。你不妨給自己設定一個「試錯期」，將你所有不切實際的幻想、躁動不安的欲望，在這段時間內集中釋放出來，大量去嘗試，去體驗你之前沒接觸過的事情。比如第一次獨自旅行、第一次當「網紅」拍影片、第一次創業等。只有在你進行過足夠多的試錯之後，你才會在此過程中發現自己的天賦，抑或是遇到一些機遇，從而知道什麼才是自己真正想要的，明白在「想要」和「得到」之間如何「做到」。

前面一直提到「選擇大於努力」，在我看來，確切的說應該是選擇先於努力。很少有人一選擇就能選對，也沒有一條路是選對了就不需要付出努力。那些所謂「選對了的人」，不過是經歷足夠的「試錯」後，選擇了自己想走的路，再全力以赴的用智慧和力量，讓他們的選擇變成最好的選擇。

所以，**走好選擇的路，別選擇好走的路，我們才能成為真正的自己。**

刻意成長指南

1. 大部分的人在面對重要的選擇時，經常會出現不選、假選、選錯。不選，也是一種選擇，選擇「不面對」。假選，即選擇「假裝努力」，但結果和現實並不會陪你演戲。而選錯，雖然選擇了，但選錯了選項，相對的後期也會付出一些成本。
2. 做好選擇的三點經驗分享：
• 在重要的選擇上，花上足夠的時間和精力。
• 聽大多數人的話，參考少數人的意見，自己做決定。
• 一切高品質的決策，都源於自身的成長。

02 遇上喜歡的事，就不要退而求其次

在不斷與世界的衝撞中，你才能成為你自己。

現在很多年輕人，尤其是在剛畢業時，都會面臨一個重要的人生抉擇：去哪裡工作？是選擇去大城市追尋夢想，還是選擇回老家過安逸的生活？

大城市，意味著有更多的機遇、資源，更能裝得下你的夢想，但也會面臨著租屋、擠地鐵、節奏快等現實問題。小城鎮，意味著你可能有更多的時間，陪伴在父母身邊，享受生活的小確幸，但詩和遠方可能就此與自己無關。

魚與熊掌不可兼得，夢想和安逸，你會選擇哪一個？

面對未知的前途，我曾經和絕大多數迷茫的應屆畢業生一樣四處亂撞，海投過不少履歷，也參加過公務員考試。當時唯一的想法就是：作家夢太貴了，去大城市我估計一個月都生存不下去，還是在老家找一份穩定的工作，再兼職寫作比較實在。

在家人的建議下，我幸運的進入了一家國營企業單位。當時還暗自慶幸，覺得體制內的工作穩定，薪水待遇有保障，是一個不錯的選擇。殊不知作家史蒂芬．茨威格

（Stefan Zweig）的那一句——「她那時候還太年輕，不知道所有命運饋贈的禮物，早已在暗中標好了價格」，應驗在我身上。

在上班兩個月以後，國營企業按部就班的生活，讓我很不適應，個性使然吧。我的座位旁是一位五十歲的大姊，有一次和那位大姊吃飯時，我問了她一句話：「大姊，妳是什麼時候到職的？」

那位大姊放下手中的碗筷，看了我一眼：「嗯，跟妳現在差不多的年紀。」那一刻，我有些承受不了，身邊同事的現在，也就是我可以預見的五年、十年、二十年……我想要一些不一樣的東西！

後來看到哈佛畢業典禮上，校長德魯．吉爾平．福斯特（Drew Gilpin Faust）對畢業生說的一番話，才知道當初我放棄夢想的行為其實是一種退卻。

福斯特說：「我聽過你們談論未來，知道你們的煩惱。我也知道你們擔心收入、擔心職業選擇、擔心人生的意義能不能實現。

我要對你說的是，只有試過了才知道。無論是繪畫、生物還是金融，如果你不去嘗試做你喜歡的事、如果你不去追求你認為最有意義的東西，你會後悔的。**人生的路很長，總有時間去實施備選方案，但不要一開始就退而求其次。**」

她將這種心理比喻為「人生的停車場理論」，你不要因為覺得肯定沒有停車位了，就把車子停在距離目的二十個街區遠的地方。你應該要直接去你想去的地方，如果車位已滿，再繞回來。

更可怕的是，這種思維會延伸到人生的各方面。比如，二十四歲時，妳原本有一個夢想，面對未知的前景，心想「差不多就行了」，退而求其次的找一份看起來還可以的工作。

二十八歲時，妳曾經想找一個喜歡的人結婚過日子，當身邊的人都在催著妳結婚，妳就會再次退而求其次的想：「要不算了，找一個差不多的人湊合著過吧」。

三十歲時，妳原本想在事業上再拚一拚，可是孩子剛出生，家人都跟妳說：「別那麼拚，女人最重要的是相夫教子。」於是，妳退而求其次的成為一個全職家庭主婦。

當我們曾經天真的以為降低標準、妥協一下、將就一下，這個世界就會為妳讓出一席之地。可妳越是妥協，妳就會發現自己失去的越多，抱怨的越多，最後可能什麼都得不到。

每一次妥協的背後，究其原因都在我們自己身上：或是害怕失去、或是息事寧人、或是不願付出努力……。

我當時就是萌生了不願意為夢想再多付出努力的想法，害怕會連當下所擁有的都失去，但這一份安穩有保障的工作，需要付出的代價卻是我的夢想。殊不知如果妳不在二十歲時，花時間拚命折騰自己，去創造自己想要的人生，那麼三十歲後，不得不花更多的時間去面對自己不想要的生活。

越迷茫，越要出去闖

在國營企業工作的那一年多，也是我目前為止比較迷茫無力的一段經歷，路遙在《平凡的世界》裡一段對主角孫少平的描寫，用來形容像我這樣二十幾歲，不甘平庸的年輕人，再合適不過。

「誰讓你讀了這麼多書，又知道了雙水村以外還有個大世界……。如果從小，你就在這個天地裡日出而作，日落而息，那你現在就會和眾鄉親抱同一理想。經過幾年的辛苦，像大哥一樣娶個滿意的媳婦，生個胖兒子，加上你的體魄，會成為一名出色的莊稼人。不幸的是，你知道的太多了，思考的太多了，因此才有了這種不能為周圍人所理解的苦惱。一個有文化、有知識、愛思考的人，一旦失去了自己的精神生活，那痛苦就是無法言語的。」

我父母一輩子都生活在老家小城鎮，靠著雙手養活一家老小。在他們看來，醫生、教師、公務員就是最體面、最好的職業。他們一直都希望我能聽他們的話，留在家鄉這座小城市裡，找份穩定的工作，然後相夫教子，安穩的過一生。

但我也清楚的知道，當時不到二十五歲的我，處在一個人吃飽全家不餓的狀態，還是有時間和成本去折騰的。如果我不敢邁出那一步，再多拖幾年，以後就更沒有勇氣做出這樣的選擇，未來的人生也就可想而知。

一個人如果是過平凡的人生，他至少可以活成自己接受的樣子；但是一個平庸的人生，一不留神就會活成自己討厭的樣子。我可以接受有時候不得不做出的妥協，但我會永遠討厭那個總是找理由妥協的自己。

最後，我和少平做出同樣的決定——即使碰得頭破血流，也要到外面的世界闖一闖。於是在二〇一八年，還沒過完年，我就帶著八百元（按：二〇一八年人民幣與新臺幣的匯率約為一比四．五六二元，故人民幣八百元約新臺幣三千六百五十元。後續提到金額若無特別標示幣別，均指人民幣）現金，獨自拉著一個二十吋的行李箱，帶著那一份迷茫和不甘心，單槍匹馬去到上海。

我依然清晰的記得，初到上海，沒有任何認識的親戚朋友，住在南京東路附近青年旅舍的床位房（按：指在一個房間裡面有一張，或者是一張以上的上下鋪床），住宿費八十元至一百元。為了節省住宿費，我下載了美團、攜程等各類住宿類App，比對價格，幾天換一家青年旅舍。吃飯時間到了，就到附近的速食店，點一份十幾元的簡餐填飽肚子。一天基本上只吃兩餐，早餐隨便吃。

畢竟初到這座陌生的城市，我也不知道需要花多長時間才能找到一份工作，只能一邊在網路上投履歷找工作，一邊接一些兼職寫稿的任務，貼補日常開銷。直到後來找到工作，租了房子，這種窘迫的狀態才有所緩解。

年輕時，迷茫並不可怕，可怕的是你不去尋找答案。因為你不去尋找，便永遠迷茫；不敢開始，便永遠無法成長。越迷茫，反而越要出去闖。

當你走出去的那一刻，也就是冒險開始的時刻。不要畏懼改變的力量，改變可能會帶來陣痛，但你也一定會愛上改變後的自己。

你居住什麼城市，會怎麼影響你

歐內斯特·米勒·海明威（Ernest Miller Hemingway）說：「如果你有幸年輕時在巴黎生活過，那麼無論你今後一生中去到哪裡，它都與你同在，因為巴黎是一場流動的盛宴」。

上海陪伴我走過了最艱難的時光，也見證了我一路的成長。

這三年裡，我從一個戴著鴨舌帽的自卑女生，到有機會採訪作家余秋雨、中國一級指揮家曹鵬等各行各業的大咖；從原本只有一腔寫作熱情的菜鳥，到如今寫了上百篇的閱讀量破十萬的文章，獲得《人民日報》、新華社等平臺的轉載；從一個怯生生的職場小白，到成立自己的寫作工作室，出版了第一本書。

現在的我，無比感謝和喜歡上海這座城市，它教會了我獨立思考的能力，賦予我追求卓越的自由精神，給予我接觸世界最優秀思維和人才的機會。

年輕時，我們都以為只是在選擇一座城市，其實是在選擇一種人生的底色。你在大城市見過的世面，接觸到比自己更優秀的人，都會反向促進你不斷向上，不斷提升自我。當你見過外面的世界，再反向去選擇，不管你願意為了自己的夢想而留在大城市，還是看過風景後，想回去過安穩的人生。這時再做出的選擇，相信你這一輩子都不會後悔。

最可怕的是，你一開始就「退而求其次」，根本就沒有見過外面的世界是什麼樣子，就以為你眼前的這一片小天地，就是全世界。坐井觀天，卻又樂在其中。

正如作家剽悍一隻貓說的：「**我們未必要在大城市待一輩子，但在年輕的時候，一定要去看看，一定要去感受，它能給我們帶來的，絕不只是車水馬龍、高樓大廈的觀感。更多的，是見識、是視野、是格局，還有更多的可能性。**」

人生的意義在於體驗、在於經歷、在於創造更多的可能性。一個人總要經歷點什麼，才知道自己真正想要什麼，也才能成長。至今，我仍然很感謝當初的那段日子，**二十幾歲，心有迷茫，是一件好事。**越迷茫，越要出去闖。

越不甘心，越不能退而求其次。因為人生有迷茫，說明你在探索，只是一時沒有方向而已。要知道，**在這個世界裡，沒有人會為你的未來買單，你要麼努力的向上生長，要麼慢慢的爛在泥沼裡，這就是真實的生活。**

無論未來如何，希望我們都能繼續興致盎然的與世界交手，一直走在開滿鮮花的道路上。

刻意成長指南

1. 停車場理論：不要因為覺得肯定沒有停車位了，就把車子停在距離目的二十個街區遠的地方。應直接去你想去的地方，如果車位已滿，再繞回來。
2. 一個人如果是平凡的人生，他至少可以活成自己接受的樣子；但是一個平庸的人生，一不留神就會活成自己討厭的樣子。我可以接受有時候不得不做出的妥協，但我會永遠討厭那個總是找理由妥協的自己。

03 一「考」定終生？那是賭博，不是人生

讀書不僅是為那一紙文憑，而是為了讓自己的人生贏得更多選擇的機會。

很多學生到了大三、大四，都會萌生一個想法：我要去考研究所。但大部分人可能都沒有認真思考過一個問題——「我為什麼要考研究所？」他們大多數說服自己的理由是，「我們班有哪個學霸在考研究所」、「現在工作太難找了，還是考研究所吧」、「哪個學姊、學長建議我考研究所」。

我也曾在畢業後選擇考研究所兩次，為的是給自己贏得多一次改變人生的機會。只是時隔多年，我才發覺自己，當初把所有的希望都寄託在一張學歷證明上有多傻。我們讀書，絕不僅只是為那一紙文憑，而是為了讓自己的人生贏得更多選擇的機會。

放棄公職考碩士班，一手好牌打得稀巴爛

和大多數選擇考研究所的應屆畢業生不同的是，我畢業後先任職於一家國營企業，

然後才選擇考研究所。

我大學就讀於省內一所普通的醫學院校，大學期間，我從沒萌生過考研究所的想法。儘管當時身邊的長輩和學姊、學長不只一次的提醒我，大學讀的學校普通，只有考研究所上名校，才可能最快實現人生目標。

但我還是「一意孤行」，堅決不去考研究所，畢業後透過雙主修的優勢，順利任職於國營企業。直到正式工作兩個月後，才發現自己當初的想法有多天真。同一批進來幾個211學校（按：為了迎接世界的新技術潮流，中國政府從各地挑選約一百所大學列為國家的培育重點，優先給予補助經費）畢業的研究生，不管是從薪資待遇，還是未來發展來看，都比我好很多。所以考研究所不失為一個正確的選擇。

於是，心有不甘的我決定執行這個方法——考研究所進入名校。那時剛走出校門不久，還沒有足夠的勇氣裸辭，第一次考研究所就在距離考試不到三個月的時間裡，利用工作之餘的時間備考。果然，機會是留給準備充足的人。成績差了六分沒能挺進複試，第一次考研究所失敗。

如果說第一次考研究所，我是衝著那一紙文憑去的，那麼第二次考研究所，則是在深思熟慮之後做出的抉擇——為了能專心的備考，選擇從國營企業裸辭。當時，我在筆記本第一頁清晰的寫下一句話：考研究所是嚴肅的人生選擇，既然決定了，就請義無反顧的走下去。

在辭職備考的那段時間裡，我把自己關在沒幾坪的公寓裡，不工作、不社交、不戀愛，把所有能用的時間都用在學習上。

法國啟蒙思想家伏爾泰（Voltaire）說：「**當你把所有的希望都孤注一擲，這件事情的失敗就是不可避免的了。**」

結果也可想而知，接連兩次研究所落榜，算是我二十幾歲的人生裡一個巨大的挫折，我第一次對自己產生了深深的懷疑：妳配不上自己的野心，也辜負了自己所受的苦難。就這樣，好不容易抓到一手好牌的我，一不小心出錯一張牌，結果打得稀巴爛——國營企業裸辭，考研究所失利，前無進路，後無退路，讓我二十幾歲的人生幾乎陷入了絕境。

也就是在這種處境下，我獨自踏上了滬漂之路。到上海的第一天，住在南京東路青年旅舍時，看著萬家燈火，那一種心靈上的落寞和對人生的無力感，讓我在心底暗暗發誓，「這種感覺太糟糕了，我再也不要體驗第二次」。

一試定終生便是脆弱型人生

直到滬漂這三年多，我訪談過多位大咖，才發現自己當初選擇考研究所，把改變命運的所有希望都寄託在一張學歷證明上有多愚蠢。

在深入研究過很多人的成長軌跡之後發現，**我們的人生大概可以分成兩種類型，一種是脆弱型的人生，就像是進賭場一樣，你一次次的下注，每一次都是把全部的賭注押**

上，**最後的結果要麼大獲全勝，要麼滿盤皆輸**。

比如，我當初想要申請名校的研究所，首先需要具備足夠強大的綜合實力，從準備考研究所那一刻起到考研究所初試結束，我把所有的精力和時間都用在考試的那幾門學科上。而且很多頂尖大學，他們的考試並非全國統一考試，專業課程可能是學校出題，在這個過程裡，掌握的資訊其實比知識更重要。並且研究所考試只允許報考一個學校、一門專業，一旦失敗，基本上就意味著你之前的努力付之東流。

就算最後順利通過初試，是否就一定能申請到名牌大學？也不一定。複試還有進一步考察，考察你的綜合素質和實際能力。

那如果以上這些你都表現得很好，是否就足夠了呢？也不一定，你最後能否被錄取，與你申請院校當年的招生人數，甚至是導師的心情，都是息息相關的。這也就不難理解，我認識的一個學長曾在畢業後六年考了四次研究所，只為圓一個名校夢。

這當中有太多不確定的因素，如果是實力的問題，那是我們技不如人，但其實當中是有很多運氣和資訊差的成分。一旦沒有被錄取，就是滿盤皆輸，沒有任何挽回的餘地。所以，**不要輕易把「考試」當成人生成敗的賭注，除非你熱衷的工作必須跨越文憑的門檻**（如大學教授、工程研發類工作），那麼去考研究所讀博士，是你實現夢想一個很好的途徑。

但是，如果你考研究所只是把學校當作要給你遮掩迷茫、慌亂、怯弱的堡壘，那麼三年之後，你面臨的問題只會比現在更加嚴峻。比如，我身邊有很多朋友是碩士學位，甚至海外留學歸國的背景，但畢業後他們面臨最尷尬處境就是：缺少社會經歷和能力作為支持，年齡又擺在那裡，高不成低不就，能做的選擇就更少了。

我們讀書、學習、接受教育、掌握知識不是目的而是手段，最重要的是讓人生擁有更多選擇的機會。

另一種是反脆弱型的人生，更偏向是一種終身成長，就像是成為一棵參天大樹，樹有多高並不重要，關鍵在於不斷成長，可以隨時應變，並且能從環境中獲益。

在得知考研究所失利的那天下午，我幾乎顧不上太多的悲傷和抱怨，當天就開始上網投履歷找工作。在沒有收到任何錄取通知的情況下，我獨自踏上了滬漂之路。幸運的是，憑藉在學校積攢下的文字功底，誤打誤撞的進入一家網際網路公司。

當時的我對網際網路一竅不通，但我深知，在上海，你絕不會只因為一分努力就能在世茂廣場（按：上海第四高的摩天大樓）隨便刷卡，也不可能因為兩分的努力就能體面的生活在虹口區（按：上海人口密度最高的行政區）。你只有拿出十二分的努力，才有機會在這裡過上理想的生活。

於是，在這三年裡，儘管我沒有讀研究所，但我讀過的書，學到的知識並不比學校少：每天堅持學習兩小時至三個小時；至今沒騰出時間去過一次迪士尼樂園；甚至在很長一段時間裡，在參加學習培訓，結束後經常都是趕著最後一班地鐵，夜裡十一、十二點才回到家。

現在回想起來，正是在那段時間沒有生活，只有工作和成長的學習，讓我迅速從稚嫩的職場菜鳥成長起來。在最黑暗的那段人生，是我自己把自己拉出深淵。沒有那個人，我就自己做那個人。

作家李尚龍說：「**學歷是能力的一個證明，但當你的能力已經超過學歷，就不會有人問你的學歷是什麼，對方就只會關心你是誰而已。**」

和前一種「一考定輸贏」的人生相比，這種成長絕不是依靠一次結果就能定勝負，而是你長時間在積累自己的能力、認知、人際關係及資源等，並且未來還會產生持續的複利效應。

沒有人可以和生活討價還價，我們都在尋找一種力量，一種和命運掰手腕的力量。所以，如果你不想要輕易被定型，還渴望有一番自己的成就，掌控自己的工作和生活，不如做一個反脆弱者，勇敢面對人生的變化，並從中把握機會，開創更美好的未來。

公職、證照、碩士班，給不了你安全感

每當我聽到身邊一些同事和朋友說：「現在職場越來越不好混了，打算辭職回去考個研究生」。我都會問他們一個問題：「你想清楚了自己為什麼要考研究所，是真的想做學術研究，還是只是試圖獲取一種叫做學歷的安全感呢？」

在這個缺乏安全感的年代，學歷可能是很多人認為最有確定性的東西。尤其是當我看到研究所畢業的弟弟，面對進入醫院工作後的煩悶，內心的抱負無法實現時，他的第

一個想法，竟然是回學校讀個博士，未來有機會再去大學教書。五年醫學本科加三年研究所的學弟，面對醫院高負荷的工作，第一個想法也是去考博士。有這種想法的人，在我身邊各種高學歷的朋友中比比皆是。

但現實是，你已經讀了二十幾年的書，如果從那些堆積如山的書中，都沒有辦法找到突破的路徑，你覺得再多讀三年博士或者碩士，會有多大實質性突破的可能性呢？就好比你在一條路上走了很多年，依然沒有一個新的突破和改變。你還能指望繼續走下去，會遇見什麼不一樣的風景嗎？

當然，我並不是說讀書無用論。相反，我比任何人都相信，讀書能給人帶來改變。我們家是農村家庭，家裡出了兩個研究生，一個大學生，就是透過讀書改變命運的典型案例。我堅信讀書能夠改變命運，摩爾定律（Moore's Law）也揭示了資訊和技術的更新，每十八個月就會成倍的增長一次。也就是說，每十八個月，我們就要更新一次資訊和知識，否則就有落後的危險。

在這個資訊時代，面對不確定的人生，我們最重要的不是擁有多少學識，而是緊跟時代潮流，培養自己「反脆弱」的終身學習能力，順勢而為找到一種能夠讓努力翻倍的途徑，努力若放錯了方向，就會南轅北轍，一不小心還會讓人生路越走越窄。

我想把《阿甘正傳》（*Forrest Gump*）裡的一句話送給你——**「人生就像一盒巧克力，你永遠不知道下一顆是什麼味道。」**

願我們都能擁有反脆弱型的人生，與自己的時代狹路相逢。

刻意成長指南

1. 脆弱型的人生，就像是進賭場一樣，你一次次的下注，每一次都是把全部賭注押上，最後的結果要麼大獲全勝，要麼滿盤皆輸。反脆弱型人生，更偏向是一種終身成長，就像是成為一棵參天大樹，樹有多高並不重要，關鍵在於不斷成長，可以隨機應變，並且能從環境中獲益。

2. 摩爾定律：當價格不變時，積體電路上可容納的電晶體數目，每隔十八個月至二十四個月便會增加一倍，性能也將提升一倍。換言之，每一美元所能買到的電腦性能，將每隔十八個月至二十四個月翻一倍以上。這一定律揭示了資訊技術進步的速度。

04 興趣能否當飯吃？取決於你有多喜歡

你所熱愛的這件事情，它很可能是你下輩子大部分的快樂來源，甚至可以悄無聲息的改變你的命運。

在一次參加自由職業分享會上，主持人要所有人都站起來，然後現場問了幾個問題，要求聽眾如果答案為「是」就繼續站著，答案為「否」就坐下：

「你有自己熱愛的事情嗎？」

「你的這個愛好，堅持超過三年嗎？」

「你的這個愛好，目前能養活你自己嗎？」

「你想過為你熱愛的這件事情，堅持一輩子嗎？」

結果，問完後，在場一百多人，只剩下三個人還站著。奧地利作家茨威格說：「一個人生命中最大的幸運，莫過於在他的人生中途，即在他年富力強（按：形容年紀輕，精力旺盛）**時發現了自己的使命。**」

但現實中，大部分年輕人的狀況是：

「對現在的工作不感興趣，怎麼辦？」

「想轉行，但不知道該做什麼？」

「大學讀了四、五年的專業，畢業後放棄不是太可惜了嗎？」

在我看來，**大多數人對人生沒有底氣的根源，是沒有找到核心競爭力**。領英的執行長傑夫·韋納（Jeff Weiner）曾經畫三個圓（見圖1-1），說：「這三個圓分別代表你擅長、喜歡和有價值的事，三個圓相交的部分，就是你應該去做的。」

我很慶幸，經歷過國營企業裸辭、兩度考研究所、滬漂，在三十歲前，就能找到自己熱愛的方向，也深知曾經付出過多大的努力，才能擁有自己真正熱愛的事業。

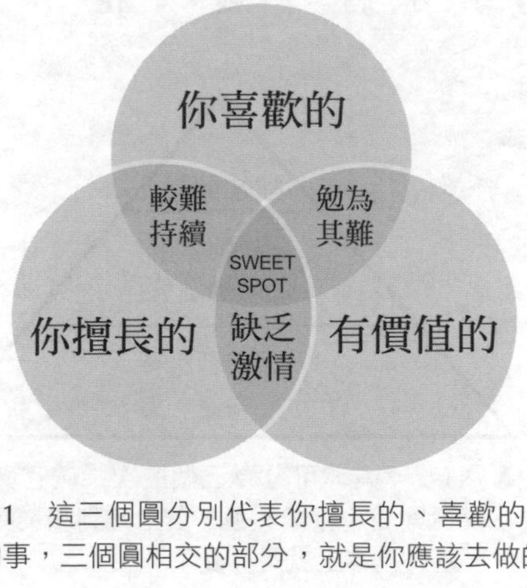

▲圖1-1　這三個圓分別代表你擅長的、喜歡的和有價值的事，三個圓相交的部分，就是你應該去做的。

怎麼找到你熱愛的事業

電影《靈魂急轉彎》（*Soul*）中有一句臺詞——

「每個人都有自己閃亮的地方，當你點燃自己的火花時，你就開始了你的人生。」

很多人容易誤把「三分鐘熱度」的興趣當成熱愛，但真正的熱愛絕對不是淺嘗輒止的興趣。

興趣金字塔（見圖1-2）將一個人的興趣分為三個層次，最底層是感官興趣，我們平時說的「做事三分鐘熱度」就經常發生在這個階段。

這個階段的你，對什麼東西都好奇，感興趣，比如你這一秒看到YouTuber老高拍的影片贏得滿堂喝彩，你就對影片產生了興趣，下一秒看到直播主丟丟妹做直播賺得盆滿缽滿，又萌生做直播的念頭。但當你真正去學習的時候，你又會發現一點兒也不好玩，拍影片時表情僵硬，直播半天也沒有一個顧客，堅持不到三天，就不了了之。

我也是一個愛好廣泛，做事情經常三分鐘熱度的人，直到在國營企業工作期間，我發現只有寫作才能治癒我，當我全身心投入寫作中，不斷產生「心流」（按：特殊的精神狀態，處於極度專注，擁有正向的情緒感受、高效率和創造力，可暫時忘卻其他

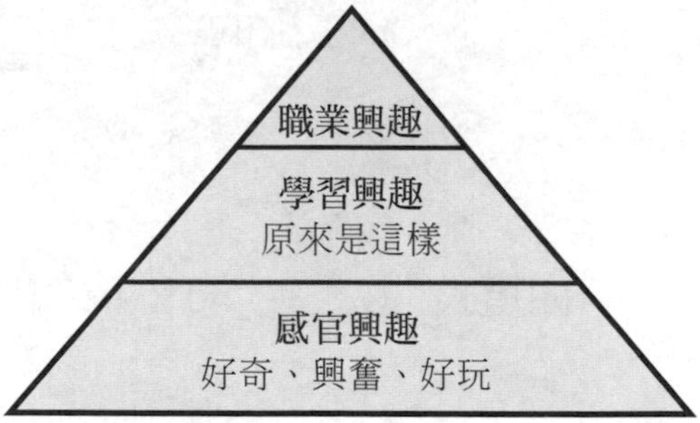

▲圖1-2　興趣可分為三個層次：感官興趣、學習興趣、職業興趣，若上升到職業興趣這一層，基本上就是真愛了。

事務），對文字產生多巴胺，所有的不愉快都拋之腦後，心裡、眼裡都是如何寫好這篇文章，就是俗稱進入「心流」的狀態。

那時候，我才確定寫作這件事情，將會成為我這一輩子要堅持熱愛的事業。我的經歷讓我有一個非常深刻的感受，就是要找到能發揮自己天賦的工作，只有這樣才能充滿激情的做下去，只有這樣，才能真正做到優秀的水準。

我們每個人都要發現自我，找到自己熱愛的事業，就是你願意重複去做，能讓你產生「心流」的事。在這個過程中，你需要不斷試錯，從而找到自己熱愛的方向。你熱愛的事情裡，隱藏著你的天賦。

心理學家羅伯特．史坦伯格（Robert Sternberg）提出一個非常著名的愛情三角理論，完美愛情的三大要素：激情、親密和承諾。找到熱愛的事業，其實跟找到相伴一生的人生伴侶有很多相似之處，可以借用他的理論，對自己提三個問題，幫助你找到熱愛的事業：

我對這件事情是不是很有激情，迫不及待的想要做這件事情？

我是不是很喜歡這件事情，做起來是不是很愉悅？

這件事情如果要我做一輩子，我願不願意？

如果這三個回答，你得到都是肯定的答案。那就證明這件事情，就是你真正熱愛的事業。

為了柴米油鹽奮鬥的人，與為了真正熱愛的事業奮鬥的人，所釋放出來的能量是完全不同的，能達到的事業高度也高下立判。當然，想要找到這項核心競爭力，就像切割鑽石，艱難且痛苦。只有你有足夠的耐心，進行過足夠的試錯和探索，才能發現自己的天賦，抑或是碰到一些機遇。

專注在自己的擅長，別只是喜歡

當你發現一件「自己喜歡做」的事後，就不能夠再像之前那樣隨意變更、盲目嘗試，要克服「急於求成」，幻想「不勞而獲」的心理。

作家韓寒寫過一篇文章，叫做〈我也曾經對這種力量一無所知〉。作為一個足球愛好者，韓寒曾經覺得自己的足球護球水準很像球星萊納爾．梅西（Leo Messi），射門很像巴西球王比利（Pelé），可以去踢職業試試。直到二十歲時，和上海高中各校隊的優秀球員組成球隊，對手是上海一支職業球隊的兒童預備隊，都是五年級左右的學生。

球賽開始之前，韓寒還和隊友開玩笑說要腳下留情，不要欺負小朋友。結果整場比賽下來，韓寒是這樣形容的——基本上全程在「被小學生們當狗遛」。這就是專業和業餘的差距，你以為的極限，搞不好只是別人的起點。而這背後，是對方百煉成鋼，用無數個白天和黑夜換來的。

所以，如果你認定了一個方向，就要**將感官興趣轉為學習興趣**，就要透過「學習→練習→回饋→優化→學習……」的刻意學習，在某一個領域持續深耕三年至五年的時間，去提升自己的能力。

在我放棄本科系相關的工作，正式轉型成為一名寫作者之後，經常會收到很多讀者的私訊，「胃寶老師，我對現在的工作不感興趣，我也喜歡寫作，如何才能走上寫作這條路呢？」

這時候，我一般只會問他們一個問題：「你到目前為止，寫過多少篇文章？」

微信的另一端，基本是沉默。偶爾有一、兩個回覆的，就會丟給我一篇類似日記一般的文章。但如果我告訴你，寫作這件事，我從小學到現在，已經斷斷續續堅持了二十幾年。不完全統計，至少練筆超過幾百萬字，你還會想繼續走寫作這條路嗎？

這就和喜歡一個人一樣，說「我愛你」都很容易，但要做到久處不厭的熱愛，以及承諾一輩子的堅持卻很難。

你們看到的閱讀量「十萬＋」爆文，背後是我無數個深夜裡，一個字一個字改出來的。你們看到的光鮮亮麗的專訪，背後是我跨越幾千里，一個人跑到偏遠的小縣城，挨家挨戶的採訪得來的。你們看到的讀者粉絲不停的增長，背後是我耐心回覆一條條評論換得的。

當你喜歡做某件事，你就會自然而然的加以練習。當你卯足全力練習，做這件事的水準就會越來越高。最後，這件事就會成為你的絕活，你一出手就驚豔了時光。只是大部分人都渴望擁有如鑽石般璀璨的人生，只有少部分人，有勇氣去接受被切割的過程。

什麼是真正的熱愛？我想就是喜歡並且擅長。**因為喜歡，所以才努力去做熱愛的事；因為擅長，所以才能熱愛正在做的事情。**

有價值，被需要，興趣便能當飯吃

做熱愛且擅長的事情，已經很不容易了。但想要把它變成主業，做你所愛的前提是這種熱愛能養活自己。

以我為例，在大學畢業之後，我之所以不敢選擇寫作這條路，就是因為當時沒有找到用愛好就能養活自己的方式。在現實和麵包面前，人就不得不低頭。但心有不甘的我，利用工作之餘的時間，接觸到新媒體寫作，從零學起，稿費從一百元，上漲到幾千元一篇，甚至超過薪水收入。當我發現寫作能養活自己時，才鼓起勇氣辭職，單槍匹馬的走上滬漂之路，跨行轉型成為一名內容從業者。

亞里斯多德（Aristotle）說：「**天賦與社會需求的結合點，就是你的職業所在。**」社會需求在不斷變化，你的最佳職業也應該在不斷變化，只要你用心尋找，就能找到你的熱愛和市場需求最好的結合點。

「興趣是最好的老師」，如果你對一件事很感興趣，就不要把它只是停留在表層的感官興趣層面，而是要緊跟著時代的變化，不斷迭代提升。要知道，**你所熱愛的這件**

事，它很可能是你下輩子大部分的快樂來源，甚至可以悄無聲息的改變你的命運。

身為過來人，我也並非鼓吹你要放棄自己本業，一腔熱血的轉行。我心裡很清楚，將愛好轉為職業，再將職業轉為事業，每一步都走得異常艱難。比起表面上的事業選擇，它更是一種人生態度的選擇，「**生命的火花不是目標，而是對生活的熱情。**」

人生最不可取的就是，一邊說「我不喜歡現在的生活，我還有夢想」，另一邊卻做一條鹹魚，平躺著消沉虛度一天。

真正的理想主義者，是即便知道理想很豐滿，現實很骨感，但依然願意一腔孤勇的夢想實現家。他們並不是盲目，而是清楚自己想要什麼，更明白自己要得到這些東西，需要付出什麼。那些笨拙而緩慢的成長、那些咬牙堅持的日夜、那些長在身體和心裡的疤痕，都在為你的未來鋪路。

所以，**如果你想要什麼，就積極去追求，單槍匹馬你別怕，一腔孤勇又如何，這一路你可以哭，但不能驚懼，把理想變成戰鬥力，把熱愛變成生產力，才能迎來掌聲和鮮花。**當你真心想要做成一件事時，整個宇宙都會幫你。關鍵就在於你是否真心想要，敢不敢要。請保持那一份熱愛，奔赴下一場山河，畢竟生命只有一次，全力以赴去做你想做的事，去成為你想成為的人。每一個人都能站在自己熱愛的世界裡，閃閃發光。

1. 核心競爭力模型：畫三個圓，寫下你喜歡的、你擅長的、有價值的事，三個圓相交的部分，就是你應該去做的。
   - 你喜歡的：它是你感興趣，甚至是熱愛的。
   - 你擅長的：它是你擅長做，有資源、甚至有天賦的。
   - 有價值的：讓你收穫到價值的，可能是金錢，或是職業發展上的成就感。
2. 興趣金字塔：興趣分為三個級別，分別是直觀（感官）興趣、自覺興趣、潛在興趣（志趣）。
   - 直觀（感官）興趣：透過直觀感官刺激產生的興趣。
   - 自覺興趣：是認知行為參與的興趣。
   - 潛在興趣（志趣）：我們把感官興趣透過學習變成能力、透過能力尋找平臺獲取價值、在眾多價值中找到對自己而言，最有力量的一種生涯的管理技術。
3. 心流：我們在做某些事情時，全神貫注、投入忘我的狀態。這種狀態下，你甚至感覺不到時間的存在。通常在此狀態時，不願被打擾，抗拒中斷。事情完成之後會有一種充滿能量並且非常滿足的感受。

05 世上沒有穩定的工作，只有穩定的能力

真正的穩定，不是你在一家公家單位有飯吃，而是你強到哪裡都有飯吃。

我曾在社交平臺上，分享自己從國營企業轉型到網際網路公司，再到新創公司的真實經歷。結果，評論區有一位讀者留言道：「這一路都在走下坡路」。為此還有幾個讀者紛紛站出來為我打抱不平。

我一開始有些驚訝，追問後才明白，原來他的意思是，從國營企業到新創公司，我換的公司一家不如一家。我當時未置可否，只在評論區裡回覆一句，「一個人最大的悲哀，就是錯把平臺當本事。」

安全感常給人致命一擊

小說《三體》裡有一句話：「我消滅你，與你無關」。

這句話聽起來令人覺得囂張，卻是事實，人類社會就是這樣一路發展過來的。

我在二〇一一年上大學，好不容易賺錢買到人生的第一臺諾基亞（Nokia）手機，可到了二〇一三年，諾基亞就被微軟收購，宣布諾基亞時代的結束。曾經最大的連鎖量販店大潤發被收購，迪士尼宣布裁員三．二萬人，著名老牌相機尼康（Nikon）關閉了在中國的工廠，康師傅、統一速食麵因為外送的便利，銷量急劇下滑……用一句老話「眼見他起高樓，眼見他宴賓客，眼見他樓塌了」，一點兒都不為過。

在這個飛速發展的時代，你永遠不知道下一個競爭對手會從哪裡冒出來，什麼樣的新興產業會把傳統行業顛覆。這個時代變化太快了，但我們內心的價值觀可能還停留在上一個時代，甚至上上一個時代。

前央視主持人張泉靈曾在一次公開分享會講過一個案例，一個東北人在北漂時，他老家的爺爺有一年打電話跟他說：「你們夫妻倆別在北京混了，趕緊回哈爾濱吧。這兒有好事，這兒的環衛局在徵環衛工人（按：類似臺灣環保局清潔員），不是臨時工，是正職的，而且含保險，一個月兩千多元，待遇可好了」。

就徵環衛工這樣一個職位，當時有幾千人報名，其中兩百多人有學士學歷，甚至還有碩士畢業生。

類似這樣的案例，在我們身邊比比皆是，比如我當年畢業選擇第一份工作時，參加過國家公務員考試，考過選調生（按：全稱選調優秀大學畢業生，從高等院校選調品學兼優的應屆大學畢業生到基層工作，重點培養高素質的工作人員），被事業單位面試過，最後幸運的收到一家國營企業的錄取通知。

再回過頭審視當年的職業選擇，我也無法理解當初的自己是怎麼想的。也許就是受到上一輩安穩觀念的影響，選擇相信一個大平臺、一個不變的單位、一份按月給固定薪水的工作，才是最有安全感的。

但有時候，給你致命一擊的往往是你最有安全感的地方。美國作家納西姆·尼可拉斯·塔雷伯（Nassim Nicholas Taleb）在《黑天鵝效應》（*The Black Swan*）裡講了一個故事：

農夫養了一隻火雞，每天都會準時帶著飼料去餵養牠。火雞也極其聰明，透過細心的觀察和總結，牠發現了這個規律，自認為農夫是真心愛自己。這樣的日子持續了差不多一千天，直到感恩節前的一天，農夫這次帶來的不是飼料，而是一把刀。

《人類大歷史》（*Sapiens*）的作者尤瓦爾·諾瓦·哈拉瑞（Yuval Noah Harari）說：「**如果你守著一種固定的身分、職業、世界觀而不變化，你就會被世界拋棄。**」

二〇一八年唐山市取消多個高速公路收費站，一位收費員大姊說：「我今年三十六歲了，我的青春都給了收費，我現在什麼也不會，也沒有人會喜歡我，我也學不了什麼東西了。」這類案例在這個時代，早已屢見不鮮。

事情發生在別人身上是故事，發生在自己身上可能就是悲劇。大部分的人一生都在追求確定性，認為只有確定才能使自己感到安全。但事實是這個世界上，唯一確定的就是不確定性。當時代真的要拋棄你的時候，連一聲「再見」都不會說。

大平臺、小公司，我如何抉擇

我的後臺經常會收到很多職場新人的留言，「我該去大平臺找一份安穩的工作，還是去小公司鍛煉呢？」、「父母都說體制內（按：指公家機關、國有企業和事業單位內的有編制人員）好，朋友說體制外好，我究竟該選哪個呢？」

這其實就像一個圍城的問題，城裡的人想出去，城外的人想進來。但**你的第一份工作，很大機率決定了你的職業方向、起點、圈子，甚至是性格**，其重要性和影響深度，勝於高考。

身為一個在國營企業待過，服務過一線大型網際網路公司，也在二十幾人的初創團隊待過的職場過來人，我強烈建議你，第一份工作，盡量去成長期或成熟期的大平臺。

在經濟學上，有一個產品生命週期理論（見左頁圖1-3）：一個產品、一家企業的生命週期是需求與技術的生產週期所決定的，一般可以分為四個階段，即引入期、成長期、成熟期和衰退期。

引入期的公司，基本上是一些一、二十人的初創公司，處於摸索期，市場尚不太明朗，未來「胎死腹中」的機率也很高。

成長期的公司，產品基本已經成熟，市場方向明朗，比如我滬漂後進入的一家網際網路公司，剛加入時，公司還不到五百名員工，兩年的時間，公司就發展到三千名員工、六億用戶量。

成熟期的公司，用戶量基本達到頂峰，潛在用戶很少，就像現在的微信、支付寶，已達到十億級別的使用者量，需要開發使用者的留存和複購率。

衰退期的公司，比如大型國營企業之類的公司，除非處於壟斷地位，否則市場會有新產品或替代品出現，公司的經營就會因此而面臨巨大挑戰。

每個人在進入任何一個職位，或者一家公司謀求發展時，一定要綜合考慮公司目前的發展情況，盡量去找一些好的平臺。

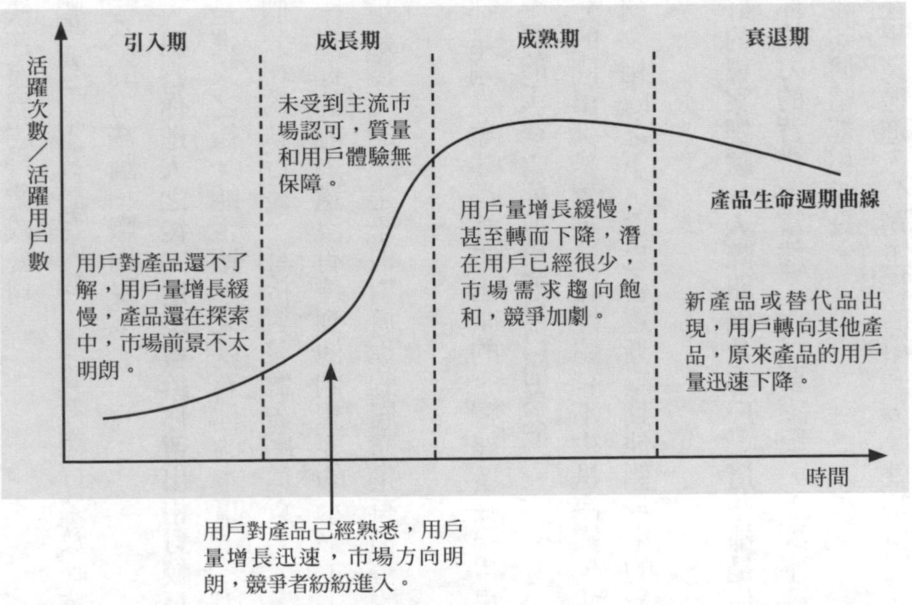
活躍次數／活躍用戶數
引入期
成長期
成熟期
衰退期
未受到主流市場認可，質量和用戶體驗無保障。
用戶對產品還不了解，用戶量增長緩慢，產品還在探索中，市場前景不太明朗。
用戶量增長緩慢，甚至轉而下降，潛在用戶已經很少，市場需求趨向飽和，競爭加劇。
產品生命週期曲線
新產品或替代品出現，用戶轉向其他產品，原來產品的用戶量迅速下降。
時間
用戶對產品已經熟悉，用戶量增長迅速，市場方向明朗，競爭者紛紛進入。

▲圖1-3　一個產品、一家企業的生命週期是需求與技術的生產週期所決定的，一般可以分為四個階段，即引入期、成長期、成熟期和衰退期。

比如成熟期的大平臺，正處在成長期快速發展的行業或公司。

第一份工作，對於我們來說至關重要，不要只考慮錢，還要考慮行業及職業成長性，要站到一個堅實的臺階上，學習成熟的方法論和職場規矩。

首先，**好的平臺原則上比較難進，但當你進入之後，還是會給你留出相對較長的時間去成長**。進入小公司相對容易，但是進入之後，能否留下來就看你的本事了。因為在小公司裡，你的直屬主管可能就是你們公司的執行長，直接對整個盈虧負責。

小公司會有非常高的成本意識，一旦你的能力還沒有達到他們想要的水平——直接拿來就用的。那麼，你被淘汰的機率也是極高的，這不但對於你的履歷是有損害的，而且對你個人的成長也是非常不利的。

處在職場初期的大部分年輕人，都是剛從象牙塔裡走出來的，還停留在學生思維階段，**在還不夠強大時，盡量選擇容錯率高的工作，從而積澱自己的勢能**。

其次，在大平臺裡，你身邊大部分的同事都是菁英，可能還有不少是海歸，北大、清華等名校出身，和這些人做同事，朝夕相處之下，你也會逐漸學到他們身上的一些思維方式和處事原則。

最後，**在大平臺可以積累一些較好的專案經驗、人際關係及客戶，這些都是你未來離開這個平臺，可以寫在履歷上證明你能力的背書**。當然，一定要謹記，千萬不要把平臺影響力當作自己的實力，卻忘記了該如何精進和成長。

我認識一位知名商業顧問，他說在畢業後進入公司工作的第一天，就給自己設立了一個五年期限，在五年內成為一個具備獨立創業能力的人。為此，在這五年，他拚命學習，不停的換職務，去學習銷售、管理、培訓、產品、財務等創業技能，逼自己成長。

五年的期限一到，他就果斷的從公司辭職，創辦了自己的企業。所以，如果你不打算在一家公司養老，那麼即便進入大平臺，也請別放棄精進自我，否則時間一長，你就會變成一顆螺絲釘，只能安裝在固定某一臺機器上，一旦離開這臺機器將一事無成。

未來沒有穩定的工作，只有穩定的能力

資深職業生涯規畫師古典提到過，未來將是一個全新的個體崛起的時代。過去職業價值的坐標系是：行業、企業、職業。例如，你在教育行業，進入明星學校，當了一名老師，那你就是周圍人眼中的「人生贏家」。

現在是資訊時代，職業價值的坐標系變成：圈子、能力、特色。一個擁有幾十萬粉絲的自媒體人，可能比傳統行業裡的老師、醫生更成功。比如剽悍一隻貓最初是一個二線城市的英語老師，但他不甘心這輩子就這樣了，於是自學寫作，採訪了數百位各領域的專家，成立了自己的社群「剽悍江湖」，擁有一百多萬的讀者，成為業內遠近聞名的「大V」（按：指在新浪、騰訊、網易等微博平臺上獲得個人認證，擁有眾多粉絲的微博用戶）。

在這個高速發展的時代，**從來沒有穩定的工作，只有穩定的能力。真正的穩定，不**

是你在一家公家單位有飯吃，而是你足夠強大，不論走到哪裡都有飯吃。想要走到哪裡都有飯吃，就要成為「得到」創辦人羅振宇提出的「自帶訊息、不裝系統、隨插即用、自由協作」那樣的人。

大致的意思是，一旦工作情況有變，你就應該像隨身碟，隨時能插到下一臺電腦上，隨插即用、不用緩衝，就能立即投入新工作狀態。

當你從一顆螺絲釘變成一個隨身碟，就會發現同樣是插在大平臺高速運轉的機器上，螺絲釘被動跟著運轉就行，而隨身碟則在不斷吸取平臺的養分，往自己的大腦存儲東西。而且，隨身碟即便脫離平臺也能存在，今天你在阿里巴巴，明天你隨時可以離開，插在百度、騰訊上依然有用武之地。即使未來，你不依託在任何平臺上，也能自我運轉。

在未來個體崛起的時代，我們每個人都應該是自己這家無限責任公司的執行長，承擔自身的風險和回報。因為不管你願不願意，你都會被這個飛速發展的時代裹挾著前行，可能上一秒還守著一份人人豔羨的工作，下一秒就被公司掃地出門。

你最好（事實上也必須），關注且只關注自己的持續成長，要像經營一家公司一樣經營自己，不斷提高自身的價值，把人生的方向盤牢牢掌握在手中，而不是輕易交給任何人或平臺。

人生前半場所有的努力，都是為了奪回三十歲的人生主權，為了讓自己有機會做選擇，而不至於總是被動接受——看看三十多歲的人，上有老，下有小，再被迫回到人力市場，重新找工作有多難就明白了。

當你在年輕時，選擇直接面對挑戰，勇往直前，用力向前奔跑，才有可能擺脫地心引力，活成自己想要的樣子，而不是大眾期望你成為的樣子。互勉。

刻意成長指南

1. 產品生命週期理論：美國哈佛大學（Harvard University）教授雷蒙德．弗農（Raymond Vernon）認為產品生命是指市場上的行銷生命，即一種新產品從開始進入市場到被市場淘汰的整個過程。它和人的生命一樣，要經歷引入期、成長期、成熟期和衰退期等階段。
2. 你的第一份工作，很大機率決定了你的職業方向、起點、圈子，甚至是性格，其重要性和影響深度，勝於高考。
3. 過去職業價值的坐標系：行業、企業、職業；資訊時代，個體的崛起，職業價值的坐標系：圈子、能力、特色。
4. 隨身碟化生存：在網際網路時代，個人可以手工藝人的方式、以一個外掛程式的方式、以一個隨身碟化生存的方式，隨時隨地插拔到各種系統上。

第二章

別讓大學放榜那一天，成為你人生最高峰

在這個時代，拉開人與人之間差距的，
不是你的努力程度，而是思維方式。

思維決定行為，行為決定習慣，習慣決定性格，性格決定命運。你過去的思維方式鑄就了你今天的樣子，而你今天的思維方式將會決定你未來的樣子。

慣性的力量是巨大的，想要改變人生，就得先用「高配版的自己」，帶動「低配版的自己」，即用正確的思想代替過往的思想。

一個不能改變自己思考模式的人，是很難取得任何顯著性進步的。

01 上班第一天，請丟掉你的學生思維

職場不是學校，沒有人有義務主動教你，也沒有人有義務天天告訴你工作內容。

最近，辦公室裡來了幾個新人，都是青春稚嫩的臉龐，名校高學歷的背景。一天，我偶然間聽到了他們的談話：「我明明才剛來，都沒人帶我，怎麼做？」、「今天被罵了，真想不幹了！」、「我太不喜歡○○主管，一點都不平易近人」……。

我沉默了許久，想起了當年初入職場心酸的日子。

畢業後，我在國營企業、網際網路公司、新創公司都待過，也帶過一些畢業生，發現很多名校畢業的高材生，即便在學校表現得很優秀，一旦走向職場就會表現得很無助，甚至不知所措。

我們讀書所處的學校環境，只是社會的演練場，並不是真實的社會。**成年人的長大，都是從走出象牙塔後開始的**。只有遭受過社會的「毒打」，才會意識到初出茅廬時的學生思維有多幼稚。

職場不是學校，沒有人有義務主動教你

我們從小到大受到的教育總結就一句話：好好學習，考試考個好成績，考上好大學就什麼都有了。

它代表一種理想化的問題思考方式：只要自己考取很高的文憑，拿了許多證書，等我去求職時，就會更有競爭力，獲得更好的待遇。看起來是沒錯，但是走入社會，你就會發現現實不是這樣的，它是各種複雜因素的組合，充斥著人性和利益的糾葛。

當然，我也不例外，也犯過類似的錯誤，直到栽跟頭才認清成年人的真相。我根據自身的經驗及訪談、見過的案例，總結了以下三種常見的學生思維：

◈ 習慣性的被動

在職場上，經常會聽到新人說：「這個沒有人教過我呀！」學生時代，大部分人都不需要太多自我驅動力，被動的按照老師教的課程進行學習、被動的接受著父母的安排，已經形成被動接受資訊的習慣。

可是走入社會，到了工作崗位，很多人還是會沿襲學生思維，希望在職場當中，有一個像老師一樣的人，給他們安排工作，處處帶著他們。如果沒有明確的工作安排，他們從來不會主動去找事情做。

我在進入職場初期時，也同樣有過這種學生思維。在工作上處於一種被動的狀態，

從來不會思考在職場要主動做什麼，也不想主動去認識周圍的同事，處於一種極度被動的狀態，每次都需要上級明確告訴我需要做什麼，才會動手。

不管是在職場上，還是在社會上，這都是非常不可取的。畢竟**職場不是學校，你與工作之間的關係是契約式的，沒有人有義務主動教你，也沒有人有義務天天告訴你工作內容，做得來就做，做不來就換人**。你必須學會主動出擊、主動請教別人、主動提高能力，才能從學生思維過渡到成年人思維。

◈把社會當成考場

從小我們的父母都會說：「只有好好學習，長大才有出息」。於是，在學生時代，我們大部分人的奮鬥邏輯非常簡單，就是努力考試或考證照，初中通過會考考上理想高中，高中又通過學測考上大學，大學期間又不停的在考各種證書。而且越是優等生，越容易陷入這種「把社會當考場」的學生思維。

這已經是大部分年輕人根深蒂固的信念，我當初在畢業後，面對體制內不想要的人生，第一想法就是考研究所，也是這個原因。直到滬漂以後，真正進入成年人的世界，我才發現，**社會不是考場，這已經不是你分數高，就比別人優秀的世界**。

社會拚的不僅是知識和努力，出身背景、人際關係資源、綜合能力甚至運氣，哪一個不比考試更重要，更可能改變你的命運？

◈過於玻璃心

現在經常有人說看過我的故事，覺得我是一個內在自洽，很有能量的人，問我是如何做到看似柔弱，內心強大的？

其實，我並不是天生內心強大的人，剛踏入社會初期，也存在過嚴重的「玻璃心」，可能就只是同事吃飯沒找我，我就腦補出一部劇。工作上被上級說了幾句，我回去就會忍不住跟室友抱怨半天。遇到不如意的事，我需要躲起來，花兩、三天的時間才能排遣。

直到離鄉背井，一個人到上海打拚之後，我慢慢戒掉玻璃心，一個人搬家、一個人換工作，對家裡永遠是報喜不報憂；對別人的不理解，也只是一笑而過；遇到問題的第一想法就是，我要如何迅速的解決它。

那些年，誰沒砸碎過幾次玻璃心。但碎掉的玻璃心，用鋼筋水泥一點點重鑄之後，就能煉成一顆鑽石心，無堅不摧。

學生思維容易有弱者的心理，也因為弱才容易玻璃心，一碰到事情容易崩潰和發脾氣。人們可能會同情弱者，但一定會尊重強者，給強者讓路。

這個時代，最殘酷、最基本的一條定律就是——**人們或許會同情弱者，但一定會追隨強者**。學生思維是我們身為學生變成職場人士的一種思維偏差，這種偏差本身並不致命。你可以讓它跟你一陣子，但千萬不要讓它跟你一輩子。

我們只招成年人

美國著名公司網飛（Netflix）第一條文化準則是：我們只招成年人。

一個人真正的成熟，是從學生思維轉變為成年人思維的突破式成長。這種成長，既不是二十歲的大學畢業典禮，也不是二十五歲婚姻的一紙約束，它甚至不是任何一個具體的時刻或者時間段。而是當你擁有了獨立思考的能力和責任感的那一刻，你才算得上是一個合格的「成年人」。

◈ 擁有獨立思考的能力

大學階段，幾乎很少有人知道自己到底想幹什麼，看到別人考證照，自己也去考。看到別人去實習，自己也忙不迭地找了一份實習工作。看到別人考研究所，自己就去報了考研究所輔導班。等你做完這些之後，卻發現自己對未來毫無規畫，只是盲目跟著身邊人走罷了，既浪費了時間，也浪費了金錢。

你可以照搬別人的提升方式，卻無法照抄對方的人生目標。扔掉學生思維，走向獨立人格的第一步就是擁有獨立思考的能力。在這個資訊大爆炸的時代，我們周圍充斥著各式各樣的資訊，你不能人云亦云，想要培養獨立思考能力，必須以兩個態度為前提：

- 不要輕易受到別人觀點和態度的影響。

• 不要尋找所謂的標準答案。

小時候曾聽過〈小馬過河〉的故事：牛伯伯告訴小馬水很淺，小松鼠卻說河水深，但只有當小馬親自下河去才明白，河水既沒有牛伯伯說的那麼淺，也沒有小松鼠說的那麼深。

同樣，很多時候我們缺乏對客觀世界的實踐感知，試圖尋找一條捷徑來得到真相，但不同的人對待同一事物或事件，往往有著不同的認識和感覺。比如我們在畢業後，面臨著人生一個重要的抉擇——該選擇一份穩定工作，還是放手一搏去大城市闖一闖？你身邊的親人可能會告訴你：「留在老家安穩一點比較好」，你遠方的朋友又會跟你說：「沒關係，大城市很包容的」。

這些資訊是真是假，是不是有用，只有你親身去實踐、去研究、去探究，你才知道，別人說的到底是不是真理。人生和學校考試不一樣，從來就不存在標準答案。它不是非黑即白，非對即錯，恰恰相反，人生在黑白之間，在對錯之間還可以加以斡旋和操作。你可以在三十歲之前，多去經歷、多去試錯，不要害怕失敗，多實踐、多總結，慢慢找到自己的核心優勢，一旦找到之後，你就知道該如何選擇，你內心深處真正感到有意義的事是什麼。

就像《心靈地圖I》（*The Road Less Traveled*）中有一句話：我們也許要花一輩子的時間，才能做一個獨立思考的自由人。這條自由之路上充滿了迷信和阻礙，其中之一就是，一旦成年了，我們就無法再改變。

◈擁有承擔責任的意識

看一個人是否長大，就看他是否能夠獨立承擔起責任。在法律上，成年人與未成年人的一個巨大分水嶺，就是滿十六歲，就具備完全刑事責任能力；滿十八歲，就具備完全民事行為能力（按：臺灣已於二〇二〇年底通過《民法》部分條文修正案，將現行成年年齡從二十歲下修至十八歲，預計二〇二三年正式實施，屆時不分《民法》、《刑法》成年年齡均為十八歲），也就是說，從那一天以後，你的父母不再幫你收拾「爛攤子」，你必須為自己所做的事情獨立承擔起責任。

在學生時代，我們大部分人都是循規蹈矩的，對責任的認識也都比較淺薄。直到我們走上社會，才會意識到從此之後，我們不僅要為自己的選擇負責，而且在未來，你還要承擔起父母的責任，親人的責任。

我記得在剛進國營企業半年後，常年重體力勞動，身體一直不太好的父親，有一天被緊急送往醫院。當我趕到醫院時，他已經做完手術，被送到加護病房。那是我人生當中最害怕的一次經歷，即便現在回想起依然會感到害怕。

幸好那一次病情沒有太嚴重，醫療費尚在我們的承受範圍之內。但隨著年歲的增長，父母都上歲數了，他們的健康狀況每日俱下，如果突然出現更嚴重的病，緊急需要一百萬元的醫療費，我還拿得出來嗎？面對父親的生命和一百萬元，我又該做何選擇？

我的父母都是普通的工人、農民，家裡的子女又比較多。為了培養我們幾個兄弟姊妹讀大學，他們幾乎是用盡了全身的力氣。

曾看過最揪心的一句話：如果長大後父母依舊辛苦，那我們長大還有什麼意義？而那時候的我，只是國營企業裡一個普通的小職員，滿足基本溫飽尚有些勉強，就更別提保障家人的生活，甚至是自己想要的自由人生。我並不指望這一生可以過得一帆風順，但我希望遇到人生挑戰時，至少自己可以是它的對手。所以，那一刻我選擇積極改變，去爭取自己想要的人生。

在年輕時，我們可以逃進「繭房」，比如藝術、遊戲、虛無的世界。但如果你繼續不斷的逃避，就將一輩子在原地打轉。只有做一個負責任的人，認知到哪些責任是我們應該承擔的，去發現那些我們一直在逃避的責任，包括事業和家庭。你才有機會給自己的生命一個新的起點，讓它在未來發出更閃亮璀璨的光芒。

沒辦法，這就是成年人，你必須永遠對生活做最壞的打算，但同時也要保留著對生活最真切的希望。

最後，我想把美劇《六人行》（*Friends*）中的大姊大莫妮卡（Monica E. Geller）對逃婚的小公主瑞秋（Rachel Karen Green）說的一句話，送給每個初出社會的年輕人：

Welcome to the real world,it sucks, but you are gonna love it.

親愛的，歡迎來到現實世界，它糟糕得要命，但妳會愛上它的。

刻意成長指南

1. 三種常見的學生思維：
   - 習慣性的被動。
   - 把社會當成考場。
   - 過於玻璃心。
2. 成年人思維：
   - 擁有獨立思考的能力。
   - 擁有承擔責任的意識。

02 那些畢業後海放同學的人，都怎麼成長？

如果不改變你閱讀的書及交往的人，五年後的你和今天不會有什麼兩樣。

有一次，我回老家，遇到大學時期的一位好朋友，才聊了幾句，她就感慨的說：「士別幾年，妳的成長簡直天翻地覆，我們都只有膜拜的份」。

交談過程中，我得知她在畢業後五年，基本就是家和公司兩邊跑的模式，不主動向外學習，也很少再交新朋友，早已經放棄了自我成長。長期來看，這種成長狀態其實很可怕，真正決定一個人成長的上限，不在於你付出了多少努力或掌握了多少方法，而在於你是否擁有成長型思維模式。

如果不改變你閱讀的書及交往的人，五年後的你和今天不會有什麼兩樣。

起點差不多的人，如何拉開差距

很多人初入職場都有這樣的疑惑：以前上學時，明明大家的起點都差不多，可是為什麼五年或者十年後，差距就慢慢拉開了，而且有時差距非常巨大？

網路上流行過一個如圖2-1的公式，看似簡單的數學題，卻暗含著驚人的人生哲理，大部分人的差距就是這樣在一天天被拉開。

法國文學家羅曼．羅蘭（Romain Rolland）說過一句話：「大部分的人在二、三十歲左右就死去了，因為過了這個年齡，他們只是自己的影子，此後的餘生則是在模仿自己中度過。日復一日，更機械、更裝腔作勢的重複他們在有生之年的所作所為、所思所想、所愛所恨」。

現實中，確實有人經常表現的像是「二十幾歲就死了」，進入一個新環境，工作一段時間以後，業務技能從生疏到熟練，要求來了也能很快完成，進入「成長舒適區」，不再學習、不再接受新資訊、

> 1 的 365 次方＝1。
>
> 1 是指你的原地踏步，一年以後你還是在原地踏步，還是那個「1」。
>
> 1.01 的 365 次方 ≈ 37.783,434,332,89，1.01＝1＋0.01，也就是每天進步一點點。
>
> 1.01 的 365 次方，也就是說你每天進步一點點，一年以後你的進步將遠遠大於「1」。
>
> 0.99 的 365 次方 ≈ 0.025,517,964,452,29。0.99＝1- 0.01，也就是你每天退步，哪怕只有那麼一點點，一年後退步到近乎為「0」，遠遠被人拋在後面，真的就是一事無成。

▲圖2-1　每天進步一點點，一年以後你的進步將遠遠大於「1」。

不再接受新挑戰，他們要麼覺得自己已經懂了，要麼覺得反正也學不會，就不再學習。久而久之，如逆水行舟，不進則退。

「功夫都在八小時之外」，人和人的差別，就在於除了上班、上學、睡覺之外的第三個八小時。你可以拿這八小時去玩遊戲、看影片，也可以拿去提升某一項技能。

我當初之所以能直接跨行進入網際網路公司，就是我在國營企業工作期間，利用第三個八小時，從零自學新媒體寫作，累積閱讀量「十萬＋」爆文和寫作經驗，才有後來的轉型成功，逐漸的和身邊的朋友拉開距離。一個人的衰老，不是從白頭髮開始的，而是始於思維意識的僵化，不再遠行和冒險，不願意離開舒適圈，對新鮮事物不再興奮。

人生最好的投資，就是自己

我們的一生，基本上會經歷四種教育：家庭教育、學校教育、社會教育、自我教育。對於像二十幾歲的成年人，家庭教育早已成為過去式，而社會教育根本沒有什麼條件，或者成本非常之高，最有效、成本較低的就是學校教育和自我教育。

令人心痛的是，大部分人在接受過學校教育，走出象牙塔以後，似乎就停止學習和進步，只有極少數人才會重視對自我教育的投資。我的一位導師說過一句話：「**在賺到第一個一百萬元之前，你最應該要做的事情就是投資未來的自己。**」

正如史丹佛大學（Stanford University）心理學教授卡蘿．杜維克（Carol S.

Dweck）在《心態致勝》（*Mindset*）裡告訴我們的——**決定人與人之間差異的，不是天賦，而是思維模式。**一般，人們常見的兩種思維模式如下：

- 固定型思維模式。認為聰明才智和能力是天生的，我們自己很難改變。在他們的口中，你經常會聽到這樣的話：

「我個性就是這樣，改不了。」

「我沒有這方面的天賦，學不會。」

「事情也只能這樣了，這不是我能選擇的。」

這種思維，就像一副無形的精神枷鎖，會極大的限制一個人的發展。

- 成長型思維。認為任何人，無論你是誰，都可以透過努力和經歷去改變。在他們看來，成功意味著不斷拓展自己的能力，不怕犯錯或者難堪，只專注於成長的過程。他們最常說的是：

「這個我不會，但我可以學……」。

「什麼事情都有第一次，這次做不好，下次改進就好。」

「我無法改變這個環境，但我可以改變自己。」

在看待成功上，成長型思維會認為，成功並非自己「聰明」，而是因為我們的「努力」和「堅毅」。

上大學時，我主修的科目是西醫和法律，但因為就讀的學校是一所中醫學校。自己也更喜歡中醫，所以經常在每學期開學初，就把全校的課表下載下來，找到自己感興趣的課程，按照課程表時間，跟著不同專業的人學習，成為學校有名的「蹭課專業戶」。

那時候，我還不知道這種思維叫做「成長型思維」，就是單純的認為，我對這件事情感興趣，願意去學習，也有條件，就去了。這也就不難想像，為什麼我過往沒有接觸過新聞，卻在大學時代不務正業的做起學生記者，後來甚至放棄了多年的專業，「棄醫從文」，走上了以寫作為生的道路。

在《心態致勝》中有這樣一句話：「考試成績和對當前成就的評估，只會告訴你目前處在什麼位置，而不會告訴你將來會達到什麼高度。」

從終身成長的角度看，除了身高、年齡、背景經歷等少數客觀情況不可變以外，身材、收入、學歷、性格、車子、房子、才華能力、格局、眼界、思想、精神層次、人品、三觀……都是可變的。

例如，身材、皮膚，幾個月就能見效；學歷，五年能拿兩個學位證書；收入（車子、房子），經過一年至五年的努力也可能達成；性格脾氣，堅持自我引導改變，半年以內就能改變。而才華、能力、格局、眼界、思想、精神層次，需要比較長的時間，但三年至五年也能獲得顯著提升。

一旦你擁有成長型思維，將注意力聚焦在自我成長和生活幸福感上，外在的一切都是順其自然的結果，並非目的。這個過程，就像一棵樹的長成，不是為了給人庇蔭，也不是為了成為棟梁，僅僅因為它是一棵樹，受到大自然的滋養，然後在時間的複利效應下，慢慢長成參天大樹。

走出舒適區，終身成長

那麼，在VUCA時代（不穩定、不確定、複雜和模稜兩可的未來），我們要如何擁有成長型思維，才能學習和改造自己，以適應新技術和不斷變化的職業技能需求，實現跨越性成長呢？美國一個心理學家曾經提出舒適區理論，我們在面臨任務時，心理上會有三個區域（見圖2-2）：

首先是舒適區，就是你所熟悉的能力範圍，你在裡面往往得心應手。

其次是學習區，就是稍稍高出一點你的能力，充滿新穎的事物，你需要再學習、再成長。

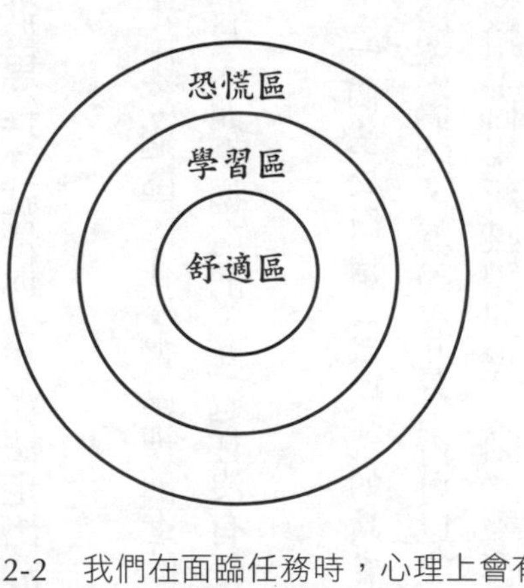

▲圖2-2 我們在面臨任務時，心理上會有三個區域：舒適區、學習區、恐慌區。

最後是恐慌區，就是遠超出你現在的能力，你會在當中感受到巨大的壓力和焦慮。

根據舒適區理論，我們很容易就知道，保持成長型思維，就是你要想辦法走出舒適區，多留在學習區，才能取得進步。

回顧我在寫作這條路上，就是走在一條不斷的走出舒適區，在學習區裡前進的旅程。從新媒體小白轉型到新媒體寫作，我只用了三個月。而轉型之前，我過往沒有任何新媒體寫作的經驗，甚至連新媒體的概念都沒有。

當時就是每天會關注公眾號「十點讀書」（按：一個基於微信公眾帳號的讀書分享自媒體）的文章，有一次，我看到公眾號發布了一篇徵稿函，就尋思著是否可以成為他們的簽約作者。於是，當時零基礎的我，開始在網路上自學新媒體課程，刻意學習新媒體寫作。

初期，我也經歷過三個月投稿無門的窘迫，但成長型思維告訴我，不能放棄，於是每天上完班雷打不動的寫稿到十二點再休息。（需要告誡大家的是，學習是可以，但還是要注意照顧好自己。我也是在那個時候，用眼過度導致眼睛造成不可逆性的損傷，至今依然無法直視強光，每次出門都必須戴墨鏡。）

正是那三個月的學習，使得我迅速掌握了新媒體寫作的訣竅，成為「十點讀書」的簽約作者，後來又陸續簽約了「有書」等多家千萬級閱讀量的公眾號平臺，發表多篇「百萬＋」的文章，文章被《人民日報》、新華社等平臺轉載，稿費也從一百元，上漲到幾千元不等。後來，我從國營企業離職，也是憑藉「十點讀書」簽約作者的身分，以及過往閱讀量不錯的文章，才順利實現跨行業、跨專業的轉型。

轉型到網際網路公司，我依舊保持著成長型思維，讓自己每天都保持在學習區的良好狀態。當我發現過往掌握的那一套熱點文（按：為了博得觀眾關注，蹭某個人、某件事的熱點作內容）、情感文的寫作技巧，已經不足以支撐當時的工作，就主動學習轉化型文案（按：指文案的目的是特定的，它被寫出來的唯一意義，就是要引導用戶完成某個特定行為）的寫作，學習朋友圈（按：微信使用者可以發布貼章和查看微信好友發布的貼文，在使用者選擇的好友中建立一個親密和私密的交流圈）文案的技巧，深度研究人物稿寫法，才有了之後專訪各行各業大咖的機會。

現在，成長型思維已經完全無意識的融入我的血液中，我在二〇二〇年看到圖文的新媒體形式已經不太景氣了，於是就結合過往的寫作功底，從零開始摸索視訊創作。

我過去在網際網路公司工作時，曾對外徵求過一些寫作者，為公司供稿。當時有不少文筆不錯的傳統寫作者來應徵，但就是缺少了新媒體的思維。出於同理心，我就告訴他們需要走出舒適區，研究一下新媒體的技巧和網路內容的敏感度。

但大部分人給我的答覆都是——「新媒體太難了」或者「我不會」，把失敗歸結於自我的能力不行，以至於也沒有看到幾個人轉型成功。

走出舒適區成長本身就是一件痛苦的事，它意味著你需要逆著人性，學習你過往沒有接觸過的知識，和你不熟悉的人交往，到你沒有去過的地方看一看。不過一旦你突破了，就會發現人生進入另外一種境界。

我非常認同《思考的技術》中的一句話：「懶於求知的人，將沒有生存空間」。在如今這個連賣菜都要不斷升級迭代的時代，學習對於每個人而言，都不應該是過去式，而是一種現在進行式。只有不斷求知、不斷思考，養成終生學習的態度，才不至於被社會和時代淘汰。**終身成長，才是這個時代最靠譜的「鐵飯碗」**。

刻意成長指南

1. 成長型思維：擁有成長型思維的人認為，智力是可塑的，可以透過教育和努力提高。他們用樂觀積極的態度去面對問題、困難和挑戰。做事不輕易放棄，更能從過程中享受到樂趣、尋求幫助、堅毅，所以更容易獲得成功。
2. 舒適區理論：一個人在面臨任務時，心理上會有三個區域：
- 舒適區，是讓人覺得舒服的區域。處在這個區域，你會覺得放鬆、穩定，很有安全感。
- 學習區，是最能讓人進步的區域。處在這個區域，你願意學習新的知識，掌握新的技能，不斷嘗試新鮮事物，探索未知領域。
- 恐慌區，是學習潛力最低的區域。處在這個區域，你常常感到憂慮、恐懼、心理壓力巨大，以至於不堪重負。

03 想越過高牆？先把你的背包扔過牆

「不破不立，小破小立，大破大立」，當你真心想去做成一件事情時，整個宇宙都會聯合起來幫你。

二〇二〇年的十月，我去電影院看了《奪冠》，當時有一幕讓很少落淚的我，當場哭得稀里嘩啦。

中國女排運動員朱婷，出身於河南農村，上有姊姊，下有弟弟、妹妹，家裡環境不好，她很努力，但從小的成長環境，讓她極度缺乏安全感。

看到家裡的負擔很重，她甚至給自己留了一條退路——退出排球，去廣東打工。直到教練郎平大聲告訴她：「朱婷，農村是妳的出身，別拿來當故事說，妳去打工，人家都嫌妳高」。朱婷這才知道，她已經沒有退路了。她必須為了女排夢，為了成為更好的自己全力以赴。這才有了後來被譽為「ＭＶＰ收割機」的體育明星朱婷。那一幕，讓我想起自己在大學畢業後，也曾在人生的十字路口無數次徘徊：

向右就是和身邊大多數人一樣，選擇一份安穩的工作；向左的夢想之路，註定荊棘遍布，前途未知。相信這也是大部分窮人家孩子的通病，因為貧窮，缺乏大膽和魄力，缺少面對人生的底氣，就會習慣性的自我設限，這種感覺就像在開車時，一隻腳踩油門，另一隻腳踩煞車，無論如何努力，也無法前進半步。

成長最大的障礙就是自我設限

哈佛大學曾做過一項科學研究，分析出一個人沒有出息的九大根源：

- 猶豫不決：比魯莽更糟糕的是猶豫不決。
- 拖延：計畫很豐滿，執行很骨感。
- 三分鐘熱度：世界上有八〇%的失敗都源於半途而廢。
- 害怕拒絕：厚重而脆弱的自尊。
- 自我設限：殺死自己的潛在能力。
- 逃避現實：只會是白日夢想家。
- 總找藉口：錯不在我。
- 恐懼：謹小慎微的懦弱。
- 拒絕學習：寧願吃生活的苦，也不願吃學習的苦。

這九大根源中，導致人生不如意的重要一條，就是自我設限。你對照一下自己，是不是也經常說「我想做A，但是我怕做不到，因為B、C、D、E種原因。」

在還沒去行動之前，你就會先習慣性否定自己，並給自己找了一堆不付出努力的理由：「我能力不夠」、「我人際關係不好」、「我沒有資源」等。

說多了，就真的不行了。當你在心裡默認一個「高度」，這個「心理高度」就會經常暗示你：這件事情我肯定沒辦法做好，差不多就可以了。「人」字的外面加一個框，就是囚犯的「囚」字，當一個人被某個框架框住時，他就成了自己的囚犯。

這種心理暗示可以幫你阻擋任務失敗帶來的挫敗感，暫時維護你的自我價值感，但同時也剝奪了你「往上再走一步」的成功機會。所有的平庸與低成就，也大都是自我設限的結果。我們才二十幾歲，可以成為我們想成為的任何人。

自我設限的底層原因是恐懼

歌唱家梁寧曾做過一個形象的比喻：如果一隻貓在自己劃定的領域裡來了另一隻貓，自己的邊界被侵犯，這隻貓就會憤怒。但如果這時候來的是一隻老虎，貓就不憤怒了，它會恐懼。

我們可以想像，原本來的另一隻貓，其實是一個你認為比較小的可達到的目標，而老虎則是一個你過往沒有想像過的大目標。小目標沒有達成時，我們會產生憤怒、不甘心的情緒；但面對大目標，我們又會天然的恐懼。

恐懼是邊界，它會困住一個人的手腳，讓你在面對大老虎時，不敢動彈。而且你的恐懼其實是毫無對象，只是你的頭腦裡，所製造出的虛擬對象而已。

J.K.羅琳說：「**你恐懼的是恐懼本身。你必須殺死嚇退自己的恐懼。只有當你的決心大於恐懼，恐懼自然就會消失不見。**」

我曾採訪過二十六歲就坐擁全網三千五百萬粉絲的九〇後主播蕊希，我問她：「是什麼讓妳有勇氣離職創業呢？」她當時說的一句話，深深的烙印在我的腦海裡：

「我從中央廣播電臺離職時，才二十三歲，就算最後失敗了，三年以後我從頭再來，帶著所有創業的經驗和做節目的經驗，重新再找工作，我不認為，會找不到一份還不錯的工作。」

作家張德芬有一句話：「親愛的，外面沒有別人，只有你自己。」所有的外在事物，都是你內在投射出來的結果。

二十幾歲，我們時常會感到恐懼：恐懼換工作、恐懼接觸陌生人、恐懼戀愛、恐懼結婚、恐懼一切的變化……。

一個人所擁有的世界邊際是以他自己的勇氣為限，勇氣越大，擁有的會更多。每一次的恐懼，其實都蘊含著向上、向前的機會，是一次舊的平衡被打破，新的希望來臨；

是突破、是進步，也是成長。「不破不立，小破小立，大破大立」，當你真心想去做成一件事情時，整個世界都會聯合起來幫你。

如何克服恐懼？向前走就是了

恐懼，原本是我們求生的本能。但如果一個人想要走向強大，你就必須克服內心的恐懼，突破原有的舒適圈。

真正的勇士，並不是沒有恐懼，而是心懷恐懼，卻依然努力前行。

道理都懂，但遇到某一些事就自然而然的退縮，你必須刻意練習克服恐懼的方法，才能戰勝內心的膽怯。在此，我分享個人克服恐懼的兩段經歷，希望能幫助你找到最初的勇氣。

◈方法一：把背包扔過牆

三年前，初到上海，我當時沒有一個認識的朋友。加上那時候考研究所失利，內心無比自卑，整天都戴著一頂黑色鴨舌帽，不敢和任何人交流。

為了改變這種境況，我報名一個社交課程，課程的任務就是每天認識一個新朋友。最開始，我也是內心非常彆扭，完全放不開，也不敢。直到後來，導師告訴了我一個心法——十秒效應。就是在你行動之前，先花十秒在大腦裡思考三個問題：

- 這件事發生以後，最壞的結果是什麼？
- 這個最壞的結果你能不能接受？
- 如果心裡的回答是「YES」，那你連最壞的結果都能接受，還有什麼不能接受的呢？

就這樣，我開始踐行每天認識一個新朋友的任務，從開始在網路上添加陌生好友，到生活中主動認識社區的保全、公司的清潔人員等。

我逐漸掌握社交技巧，第一次完全突破社交的自我設限，讓我印象很深刻，就是在地鐵上，聽到旁邊熟悉的閩南語家鄉話，我當即第一反應就是用閩南語回應了一句。結果，我們在地鐵上用閩南語一路聊在上海的生活，離別前依依不捨互加微信。

之後，我完全突破社交的自我設限，再想結交認識任何一個人，就完全不再恐懼。也正是因為這樣一個小小的突破口，幫我打破人際交往的困局，之後各種機遇隨之而來，生活也就此打開新的局面。

直到後來，我才知道，這就是心理學界戰勝恐懼非常有用的小技巧——把背包扔過牆。簡單的說，就是如果心裡覺得自己必須做某一件事，卻又因為各種原因遲遲不敢行動，不如主動把自己逼到一個不得不做的境地，對自己下狠手，去完成必要的事情。

後來為了提高公眾表達能力，我又採用這個方法，逼迫自己經常上臺分享，從一上臺就哆嗦，到面對舞臺不再恐懼，再到後來站在舞臺上侃侃而談。

經過這件事之後，我以前會覺得勇敢是一種天賦，有些人天生熱血，有些人天生膽怯。後來發現勇敢不過是一道選擇題，你選擇了，接下來的故事也就開始了。所以，放下你的恐懼，大膽的朝前走，相信無論好壞，都會成為收穫，你也會因此獲得成長。

◈方法二：麥肯錫方法

小事情上可以採取「把背包扔過牆」的方式，對於自己來說並不會有多大的損失。但是比如租屋、換城市、換科系等大事情，需要付出巨大的成本，不建議盲目行動。其實一個人恐懼的原因，並不是事件本身有多讓人害怕，而是由於經驗、環境等因素，缺少了足夠的資訊支撐去做選擇，從而自我製造出恐懼的小人。

因為無知，所以恐懼；因為恐懼，所以抗拒。避免這種恐懼最好的方法，就是事先掌握足夠的資訊，做好每一個選擇。我在二〇二〇年正式租屋之前，並沒有太多租屋經驗，對於房地產市場完全一無所知，這讓我對租屋這件事天然的產生恐懼心理，腦補過房東跑路、被仲介坑等場景。但面臨著當時公司承租的住屋合約到期，隨時會被「掃地出門」的窘境，我沒有退路，必須迎難而上。比起以前的莽撞行事，我懂得策略性的採用從書本學到的麥肯錫方法作為行為指導：

第一，**確定你的目標和期望結果**。在麥肯錫問題解決步驟，最重要的是，一開始就要明確希望達到的目標和期望的結果。

我當時租房的第一步，就是要明確我期望找到什麼樣的房子：價格適中、中心地理位置、有廚房、有客廳、室友好相處。

第二，大膽假設，小心求證。根據麥肯錫方法中提到的要「以事實為基礎」，進行假設性分析，尋找關鍵驅動因素，並構思相應的可行性建議。

我便抱著嘗試的心態，開始在一些租屋平臺發布求租訊息。在跟仲介看過多間房子後，我對於租房市場有了一個基本的了解，發現地理位置是影響價格的最關鍵因素。

第三，基於事實，做目標修正。麥肯錫方法提到解決問題，究其根本，是尋找真正的問題，填補應有狀態與現實之間的差距。

我最初設定的租房目標還是比較偏理想化，但真實的市場畢竟是現實的，我就需要進行目標修正，比如在地理位置上可以稍微做一些妥協，沒有選擇最初設定的中心地帶，而是選擇附近交通便利的地點。修正目標以後，再加上鍥而不捨的跟著仲介看房，成功的租到讓自己非常滿意的房子。

觀復博物館創辦人馬未都在節目說過一個觀點：「我總跟年輕人說，這個世界不是為你一個人設計的，是為所有人同時設計的，你在其中感到壓抑、不適應，這是非常正常的一件事。你得在這種不適中找到一個最舒服的方式，然後適者生存的生活下來，甚至找到自己的快樂，這才是你生活的真諦。人最該掌握的真理是修正錯誤的能力，目標不要一下子定得太高，所有的事情是在運營中去調整的，生活也一樣。」

就像租屋這件事，如果你只是坐在家，抱怨為什麼租個好房子這麼難，你就永遠不知道自己想要什麼樣的房子，又能租到什麼樣子的房子。只有不斷逼迫自己走出去，不斷嘗試，不斷了解真實的市場和世界，在一次次觸碰中，才會清醒的認識到自己想要的人生是什麼樣子，從而進行目標的修正。

《愛麗絲夢遊仙境》（*Alice in Wonderland*）裡紅桃皇后說過一句話：「在我的領地中，妳要一直拚命跑，才能保持在同一個位置。」在通往夢想的大道上，註定荊棘遍布，我們只有咬牙向前走，既要有「不破不立」的勇氣，又要學習讓自己變優秀的智慧，相信終有一天，終會燦爛綻放。

刻意成長指南

1. 把背包扔過牆：如果你想越過一堵高牆，覺得很難怎麼辦？方法很簡單，就是直接把背包扔過牆。這樣你一定能夠想方設法翻過去，即比喻當一個人面對苦難時，切斷自己的後路，有了克服困難的信念，才能置之死地而後生。
2. 麥肯錫方法：作為全球頂尖的管理諮詢公司，麥肯錫總結一套解決問題的方法，讓問題變得清晰而有邏輯。其有三大亮點：以事實為基礎、問題分解和提出，並驗證假設。

04 你的層次思維，決定了你的人生

不管黑貓還是白貓，能抓住老鼠的就是好貓。能幫助我們成長的更好的知識和方法論都值得學習。

你聽說過瞎子摸象的故事嗎？古時候，有幾個瞎子，他們不知道大象長什麼樣子。有一天，他們決定去摸大象。有人摸到了象鼻，便認為大象是一條彎彎的管子；有人摸到尾巴，就說大象是一根細細的棍子；有人摸到身體，就以為大象是一堵牆；有人摸到了腿，在他的認知裡，大象便是一根粗粗的柱子。

你的思維層次，決定了你的人生

看完故事，可能很多人都會嘲笑這幾個瞎子太傻了，不懂得去摸一遍大象的全身。但事實是，我們以為的世界往往並不是真實的世界，而是我們的思維構建起來的世界，所以嚴格來說，面對大千世界，我們所有人終其一生，都是在瞎子摸象。

電影《教父》（*The Godfather*）裡有一句經典臺詞：花一秒就看透事物本質的人，和花半輩子都看不清事物本質的人，註定是截然不同的命運。

想要獲得一眼看透事物本質的能力，關鍵不在於你的知識儲備量，而在你的思維模式。不同的思維模式，決定了不同的人生。從低到高，思維模式分為三個層次：

◈第一層：一元思維模式

這種思維最典型的特點就是以自我為中心，就像嬰兒一樣，在他們看來丁是丁，卯是卯，不容置疑。也因此很難和外界思維相容，無法進行交流。

傳統的應試教育，把我們培育成了只能摸到一個地方的人，以至於大部分人看待世界的方式，永遠是從一個角度在看待問題。例如，我認識的一個朋友是學西醫出身，每次提到中醫，他總是一臉嫌棄，認為中醫不科學，沒有任何實證的支撐。

如果一個人只能用單一的思維去思考問題，就會出現蒙格說的：「在手裡拿著鐵錘的人看來，世界就像一顆釘子」，你所學的知識反而會限制你的思維和行為，忽略真實客觀世界的豐富程度。

◈第二層：二元思維模式

二元思維，是把問題先看成一個封閉的整體，把話題屬性固定下來，然後一分為二，辯證分析，演繹推理。在這種思維模式的人看來，這世界非黑即白，非好即壞。

如果選擇專注事業，也許可以將事業做得很好、很成功，但必然同時失去了常人的很多快樂和悠閒。如果選擇悠閒和簡單的生活，就只能過一種芸芸眾生的生活，肯定不會有名望和富貴。無論選什麼，就必然有正面，也有反面。

這種二元平面思維的模式，只看到事物相反的兩面，忽視了兩個面之外的情況。

◈ 第三層：多元思維模式

多元思維模式的人，則認為二元是不夠的，在黑白之外，灰色才是世界真實的顏色。當一個人擁有了多元思維，他就能從更多的視角看待事物本來面貌，而不僅僅是自己大學時學的專業，或者工作裡面培養出的慣性思維來看待問題。

我們生活的這個世界和社會，其實是一個複雜的整體。**你必須知道這個世界真實的樣子，而不是你以為的樣子，或者你希望的樣子，只有這樣你才能做出正確的選擇。**

羅振宇曾在一篇文章裡寫道：「只要是人類的思維模型，都必然體現的是一個殘缺的世界，都忽略了真實世界的某個部分。當絕大多數人在以某種模型思考問題時，你能在關鍵問題上用不同的模型思考問題，你就容易獲得認知優勢。」

為了培養多元思維，我還特地學習過「得到」的課程，他們邀請到四十八位各行各業的頂尖高手，來分享他們在行業裡解決高難度問題的四十八個思維模型，例如導演思維、演說家思維、決策思維等。

現代社會學習的目的不是獲取更多的資訊，而是學習更好的思維模型。也只有當你培養起多元思維，用回歸本質的思維去思考，才能獲得一秒看透事物本質的能力。

如何培養多元思維

相信讀完前面的內容，你肯定對多元思維產生了濃厚的興趣，但心裡又會犯嘀咕，想要擁有多元思維，對於普通人而言，是不是一件很困難的事情？畢竟，一個人不可能知道世界上所有的知識。

身為多元思維的堅實擁躉者蒙格認為，想要擁有多元思維，你要在頭腦中形成一個由各種思維模型構成的框架，再加上實際經驗和間接經驗（透過閱讀等手段得來的經驗）將各種知識融會貫通，才能加深對現實的認知。為此，蒙格獨創了四步學習法，用於培養多元思維：

◈第一步：跨學科學習

遠古時代，人類需要習得大量知識才能生存，但因為時間和精力有限，人類憑著聰明才智和常年實踐經驗，把它分成不同的學科，便於後來人掌握。於是，我們的教育便設立分科，試圖讓學生掌握一門在社會生存發展的技能，例如法律、醫學、會計……。

看似整體社會的效率得到提高，但這種感覺更像流水線（按：一種工業上的生產方式，指每一個生產單位只專注處理某一個片段的工作，以提高工作效率及產量）的分工，如果你只能知道其中的一道工序，你的工作就很容易被其他人替代。而且隨著時代的快速發展，越來越多的工作會被智慧化設備取代，單學科思維局限太大，已經無法再滿足時代需求，跨學科學習是未來創造者的必修課。

我本人就是一個多元思維的受益者，這十年裡，我橫跨醫學、法律、新聞、網路四個領域，跨學科學習，讓我具備了多元思維。

比如大學五年的醫學知識學習，讓我了解了人類的起源、人體的基本構造，理解了生命的真諦。法律知識的學習，讓我了解了古今中外的國家法律和政權的發展歷程，以及一個國家自上而下的整個管理體系制度。當過一段時間的實習記者，讓我認識了形形色色的人，對社會有了一個基礎的認知。而在網際網路公司從業的這幾年，我又有機會和最先進的技術接軌，每天都能接觸到與時俱進的資訊，讓我對人生、社會、世界形成一個基本的認知。

我的觀點一直就是，**不管黑貓還是白貓，能抓住老鼠的就是好貓。能幫助我們更好成長的知識和方法論都值得學習。**

◈ 第二步：只學習重要學科、重要思維模型

說實話，在正式接觸思維模型學習之前，其實我很不能理解，為什麼我們要花十幾年的時間，去學生物的「自然選擇」（按：又稱天擇）、「進化理論」，學物理的「萬有引力」、「牛頓定律」，這些知識除非我們走上某一個領域做學術研究，否則在職場

上似乎一點也派不上用場。

直到學習思維模型的相關知識，我才恍然大悟，原來那些年裡，我們是在學習重要學科的重要理論，也正是各個學科的底層思維模型，幫助我們構建起對這個世界的基本認知。

根據「二八法則」，我們不需要學習和了解所有的知識，只需學習各科最傑出的思想，抓住要害，就可以解決絕大多數問題。

重要學科的重要理論，是人類經過幾千年的演化，沉澱下來的經典，也是頂尖高手每天都在刻意練習和使用的方法。比如，生物學的自然選擇、經濟學的看不見的手（按：An invisible hand，指在價格機制充分運作下，自由市場裡的供給和需求將會自然而然達到均衡，價格與數量都是最適當的水準）、心理學的「象與騎象人」（按：利用大象與騎象人來比喻我們豐富的情感以及理性之間的關係）、化學的自催化反應（按：Autocatalysis，指一個化學反應所生成之產物為該反應之催化劑）等，都是該學科的重要思維模型。

思維模型就是用簡單易懂的圖形、符號、結構化語言等組成的視覺化模型，是分析解決問題的視覺化的「心理結構」，是模組化的知識，是解決問題的思維公式。

思維模型是人類文明進化過程中形成的金字塔頂端的藍寶石、是重要學科的重要理論、是人類知識海洋沉澱下來的經典，也是頂尖高手每天都在刻意練習和使用的重要思維模型。

◈第三步：把思維模型進行跨學科組合，打造多元思維模型

蒙格在《窮查理的普通常識》（*Poor Charlie's Almanack*）中有一句話：「一個人如果掌握一百個思維模型，你就可以比別人更聰明。」

他在歷史學、心理學、生理學、數學、工程學、生物學、物理學、化學、統計學、經濟學等多學科的重要思維模型中，找到了「百＋」頂級思維模型，自創了「多元思維模型」，包括能力圈模型、價值投資模型、複利原理、排列組合原理、決策樹理論、複式簿記、斷裂點理論、誤判心理學、規模優勢理論等。

在他看來，一個人必須擁有多元思維模型——因為如果你只能使用一、兩個，研究人性的心理學證明，你將會扭曲現實，直到它符合你的思維模型，或者至少到你認為它符合你的模型為止。

多元思維模型，是一種把眾多學科的知識結合起來的複式框架，可以成為你思考問題的方法。當你擁有的思維模型越多，你就更能認清事物、分析問題，從而解決問題。

◈第四步：刻意練習、組合進化、學以致用、不斷驗證迭代

對於我們所有人，最難實現的兩件事，一件是從「知道」變成「做到」，還有一件是從「刻意做到」到「成為本能」。

知道不等於學到，學到不等於會用。比如我一開始接觸思維模型，就是習慣性把它放在我的最愛裡沒太理會。直到有一次工作上學習了冰山模型，從知識、技能、能力、

隱藏特質，深度剖析自己，我瞬間對思維模型產生了濃厚興趣。

於是，我便把前人跨學科組合起來的思維進行深度學習，堅持在朋友圈裡打卡一個思維模型，成功打卡一百天，相當於粗略認識到一百個思維模型。

以至於現在每次遇到事情，我腦海裡都能不由自主的浮現出各種思維模型，而且還能自己組建出不同的思維模型，從而快速、有框架的去解決各式各樣的問題。

比如我在前面章節中分享過自己如何使用麥肯錫方法，成功的租到自己理想中的房子（見第八十七頁），之後我又把這個理論重新進行梳理，將它又延伸應用到生活的其他方面。

我們都聽過一句話：「為什麼你知道那麼多道理，卻依然過不好這一生呢？」以前我只是覺得這句話聽起來好有道理，但說不出好在哪裡，直到現在才明白，**知道不等於學到，學到不等於做到，無論多麼正確的道理，都不會讓你真正受益，除非你建立了自己的底層思維框架，透過刻意練習，相信並貫徹，才能讓知識變成自己的智慧。**

有人做過一個非常具體的比喻，就像切削鑽石原石一般，多元思維模型從更多的角度，觀察鑽石原石的紋理，再開始動刀，於是能得到一顆璀璨奪目、圓潤飽滿、卓越品質的鑽石。在這個充滿不確定的時代，願每個人都能擁有多元思維，在大腦裡植入一顆獨一無二的璀璨鑽石。

刻意成長指南

1. 多元思維模型：一個收集和處理資訊，並且依照資訊行動的思考框架。它完美融合了多個學科的分析方法和公式，包括歷史學、心理學、生物學、工程學、物理學、化學等。這個想法來自蒙格。這是你大腦中做決策的思考武器，你的武器越多，越能做出正確的決策。

2. 二八法則：通常一個企業八〇％的利潤來自它二〇％的專案，二八法則被一再推而廣之，二〇％的人手裡掌握著八〇％的財富，二〇％的投入決定八〇％的產出。

3. 蒙格的四步學習法：
- 第一步：跨學科學習。
- 第二步：只學習重要學科、重要思維模型。
- 第三步：把思維模型進行跨學科組合，打造多元思維模型。
- 第四步：刻意練習、組合進化、學以致用、不斷驗證迭代。

05 比努力重要一千倍的，是複利思維

大多數人總是高估自己一年的變化，卻低估自己堅持十年的成就。

假如現在有一份工作，有兩種方案的薪資報酬：

方案A：一個月給你三十萬元，每天給你一萬元。

方案B：按天發放，第一天給你一分錢，後一天是前一天的兩倍。

先別看下面的答案，你在心裡問問自己，方案A，還是方案B，你會選擇哪一種？

一切有意義的成長過程都符合「複利曲線」

揭曉答案的時候到了！兩個方案的最後統計結果：

選擇方案A的朋友，三十天合計三十萬元。

選擇方案B的朋友，建議你拿出筆計算看看（見下頁圖2-3）。

看出其中巨大的區別了嗎？我第一次計算時也被嚇到，方案A就像從事了一個純粹

為增加收入，與成長無關聯的工作後所得到的回報。方案B則是透過不斷獲取複利得到的回報，初期看不起眼，隨著時間推移，卻是一筆巨大的金額。而且這種複利的強大力量不僅適用在財富領域，對於我們的思維模式、處事原則和成長理念，都同樣適用。

舉例來說，很多人並不重視經營自己的朋友圈，只看到了眼前短暫的利益，要麼在朋友圈讓朋友恨不得「砍你一刀」，要麼就把朋友圈打造成廣告陣地。而我則選擇把朋友圈經營成複利模式的輸出陣地，不僅記錄我的日常生活，還幫我打造出個人影響力。

- 做記錄：我日常都會在朋友圈裡更新三至五條日常動態和感悟，比如起床打卡，睡前會分享當天最深的感悟，見新朋友、老朋友也會合影留念，朋友圈已成為我的成長紀錄陣地。
- 做素材：把朋友圈的內容作為自己寫作的靈感素材累積，這些內容可以成為寫書、做培訓、演講的素材，實現多元化複用。
- 做分發：我會把朋友圈的動態同步更新到自己的多個新媒體帳號，吸引外部的粉絲讀者。

第1天：0.01元
第2天：0.02元
……
第29天：2,684,354.56元
第30天：5,368,709.12元
30天合計：10,737,418.23元

▲圖2-3　按天發放，30天後的薪資報酬竟有10,737,418.23元。

- 做人設：朋友圈內容記錄自己的日常所思、所悟，讓朋友和讀者都能透過朋友圈就了解我、喜歡我。
- 做人際關係：我每一次和朋友見面都會拍照留念，發到朋友圈，從而吸引想認識我的人主動來邀約，從而經營自己的人際關係圈……。

經過兩年多的刻意積累，我的私域流量累積了一萬多名鐵桿好友和粉絲，他們了解我的過去，知道我的目標，願意支援我。同時把很多原本只停留在按讚之交的好友，轉化到線下見面，再成為好友。無形中還幫我吸引來了很多同頻合作者……。朋友圈的這種複利模式，起初你可能很難看到起色，只有經過長時間的累積，信任的加深，到了某一個臨界點，你才會體會到背後複利的威力（見圖2-4）。暢銷書作家粥左羅在《學會成長》說，**凡可積累，皆有複利，一個人一生的命運，是你所有選擇疊加的結果，只有利用複利啟動增強迴路，你的每一個選擇都在一圈一圈**

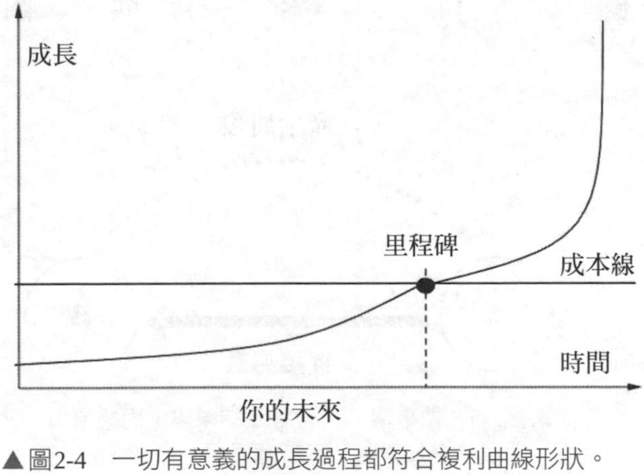

▲圖2-4　一切有意義的成長過程都符合複利曲線形狀。

的循環增強中「利滾利」，知識、能力、資源、人際關係、信譽品牌皆可複利。

是的，一切有意義的成長過程都符合「複利曲線」，這種複利，就像從山上往下滾雪球，最開始時雪球很小，但是往下滾的時間足夠長，雪球就會很大。

複利是世界第八大奇蹟

阿爾伯特·愛因斯坦（Albert Einstein）說：「複利是世界第八大奇蹟。」複利，原本是一個金融概念，俗稱「利滾利」。複利思維是指做事情A，會導致結果B；而結果B，又會反過來加強A，不斷循環（見圖2-5）。簡單來說，就是你上一個階段的投入，會成為下一個階段投入的優勢。

在經濟學上還有一個如圖2-6的複利公式，FV為本利和、P為本金，即現有的成長，R為你正在做事情的收益率，N為時間。

隨著時間N的推移，你會發現，初始的P（現有的

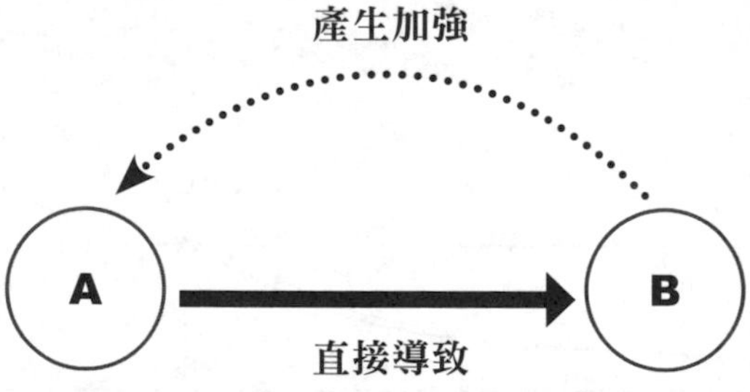

▲圖2-5　做事情 A，會導致結果 B；而結果 B，又會反過來加強 A，不斷循環。

$$FV = P \times (1+R)\hat{\ }N$$

▲圖2-6　複利公式。

成長）並沒有那麼重要，它不需要你多聰明，也不需要你的起點有多高，只要你堅持做收益率R為正的事情，就能成為時間的朋友。

那麼，如何判斷所做事情的收益率R是否為正呢？在《與成功有約》（*The 7 Habits of Highly Effective People*）一書提到，看一個人的時間和精力集中在哪些事物，就能大致判斷對方是否具備複利思維。

消極被動的人，不具有複利思維的人，他們會把時間和精力都花在他們無法改變和影響的「關注圈」的事情上。而積極主動，具有複利思維的人，則會腳踏實地，把心力投注於做自己力所能及的事上，不斷在擴大自己的「影響圈」（見圖2-7）。

事實也證明，越強大的人，越關心自己「影響圈」內的事情。當你越不去關注「關注圈」的事情，越能聚焦，就越能集中精力做好手上重要的事情。

因此，我們可以將一個人的行為分為價值和複利兩個維度看待，

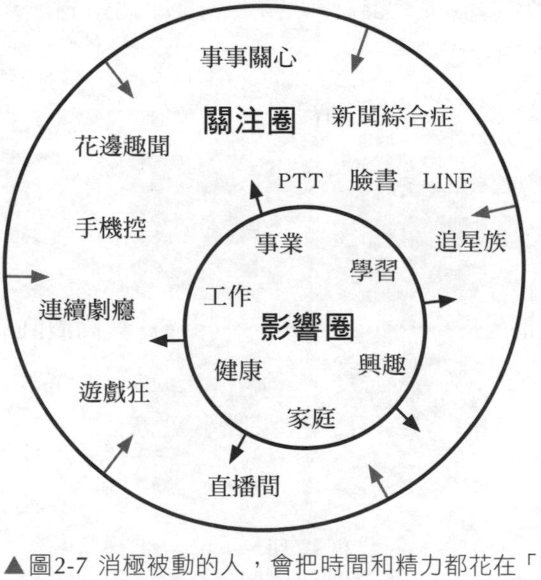

▲圖2-7 消極被動的人，會把時間和精力都花在「關注圈」的事情上。而積極主動的人，會不斷在擴大自己的「影響圈」。

價值指你現在的心情、物質、金錢等，複利則對應未來，指現在做的事能否對未來產生更高的價值，再將日常生活小事劃分為四個象限（見圖2-8）：

- 高價值＋高複利：找到真愛、經常認識新朋友。
- 高價值＋低複利：買當季流行衣服、玩手機遊戲、看網路小說。
- 低價值＋高複利：堅持每天復盤、堅持鍛煉身體、每天讀書半個小時、刻意練習一個技能。
- 低價值＋低複利：漫無目的刷微博、關注娛樂圈各種八卦新聞。

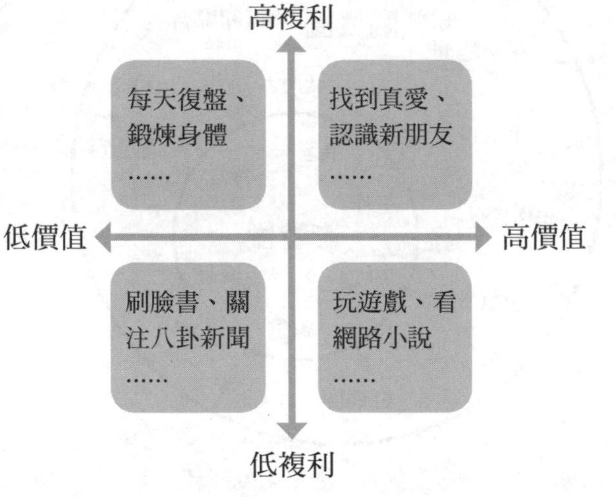

▲圖2-8　將日常生活小事劃分成四個象限，每天只要進步0.01，幾年、十幾年之後，差異是你難以想像的。

當收益率R為正時，就好比我在前面章節（見第七十三頁）講到的，你每天堅持學習半個小時，進步〇·〇一，也許一、兩天，你和別人的差別無法顯現出來，但幾年、十幾年之後，差異是你難以想像的，這就是複利的力量。所以，只要收益率R為正，即你在做正確的事，你的知識和能力就會在時間的複利作用下持續的累積和增長。最終，這些行為帶給你的收穫和回報，將會遠遠超出你的想像。

永遠不要低估複利的力量，在你的成長過程中，盡量多做能啟動增強迴路的事，少做一次收益清零的事。當你累積到一定階段，就會發現成長不是線性增長，而是呈一個指數型的增長。

如何建立複利思維

按照第一百零二頁的圖2-6複利公式，FV＝P×（1+R）^N，你可以發現，我們現階段的狀態P是不可控制的，真正決定最後複利效應的只有兩個關鍵因素，收益率和時間。簡單概括，想要提高複利效應就是：第一，找準方向；第二，持續積累。

◈第一，找準方向

以前讀書、上大學，直到工作，我堅信一分耕耘，一分收穫，習慣於用努力和勤奮來麻痺自己。但在現在的我看來，這些都不過是用戰術上的勤奮，掩蓋自己在戰略上的懶惰。

我們迷茫的大部分原因，不是身體上的懶惰，而是思維上的懶惰。這個社會，努力的層次有三層：

- 第一層，低品質的努力，大多數人都是這一層。
- 第二層，有方法的努力，高效利用時間和調度資源。
- 第三層，減少目標，透過戰略努力，找到核心競爭力，少做事、做對事。

別盲目相信勤奮的力量，熬夜加班和在家躺床睡大覺，很多時候沒有多大的區別。有人對「高水準勤奮」做過一個定義：一個人在每一個階段，都能認知到系統（大系統——人類社會，中系統——國家，小系統——行業和城市）的變化趨勢，按照市場規律、系統的趨勢，並結合自身的情況，抓住幾件重要的事作為行動組合，從而最大化利用自己在這個階段的時間、注意力、技能、資源、人際關係來創造價值，就能產生指向目標的複利收益。

當你在選擇一份工作或副業時，如果這件事不能給你帶來高複利，那不管現在拿到的薪水再高，我都不建議你去做。在職場初期，要記住，最重要的增長不在於薪資水準的增長，而在於能力的提升和社會網路的建立，以及未來賺錢能力的提升。

我在最初進入新媒體行業時，曾為了稿費，追流量寫熱點文。但一段時間後，我發現費盡心力寫的作品幾乎只有一天的生命，根本不可能有複利效用。

於是，我主動拒絕編輯的約稿，把重心調整到能產生複利效應的個人成長方向，透過持續學習和思考，輸出對個人成長有幫助的內容，發到社交平臺上，既為出書做準備，也增加了曝光率，一不小心還成為「知識網紅」。

所以，我也從來不建議大家在工作之餘，去開滴滴（按：基於分享經濟而能在手機上預約，未來某一時點使用或共乘交通工具）賺點兒小錢，追熱點文賺稿費，**把時間分配給能夠帶來價值的事上，複利才會發生作用。**

當你不知如何選擇時，可以問問自己：這件事情能否讓我成長？能否鍛煉我的能力，讓我更加強大？如果答案是否定的，那就大膽把這件事情砍掉。在二十幾歲時，無論是從個人成長還是長期收益來看，我們的成長都遠比當下能賺多少錢重要得多。

做正確的事，遠比正確的做事要重要得多。在我們的成長過程中，類似於從事什麼行業？在哪座城市工作生活？和誰結婚？其重要性遠遠超過其他事情。如果你都能做對的話，累積起來，人生就會產生強大的複利效應。

◈第二，持續積累

很多朋友，有時會說我的人生像是「開掛」一樣。二十五歲，國營企業裸辭，獨自滬漂，在沒有任何經驗的條件下，竟然進入大型網際網路公司。二十六歲，就採訪到多位知名大咖。二十九歲，出版自己的第一本書。

他們看到我開掛的人生，其實是我逐漸積累了一些名氣之後才被注意到的。我當年之所以能在沒有任何經驗的情況下，轉型加入網際網路公司，那是我從小就不斷累積的文字功底。

後來轉型到新媒體，我又經歷過三個月的投稿無門，才逐漸從名不見經傳的寫手，轉型到文章在「十點讀書」、「有書」等平臺發表，出過多篇閱讀量「十萬＋」、「百萬＋」的文章。整個過程可以說是十多年沉澱的結果。

就像巴菲特的投資理念其實非常簡單，但為什麼大多數人都複製不了他的做法？原因就是沒有人願意慢慢變富。而複利真正的核心，其實是時間的累積。前期增長可能非常緩慢，直到達到一個點才會飛速增長。

大多數人總幻想著一夜暴富、一夜成名、一夜逆襲，用最短的時間獲得最大的收益。但高收益意味著高風險和高失敗率，真正的智者更願意靠日拱一卒（按：每天像個卒子一樣前進一點點，終會有所成就，走到想走的地方）的累積，去收穫量變到質變的飛躍。**很多事情都是堅持到後面，突破了臨界點才會爆發出效果。**

據說，有一種竹子，名叫「毛竹」。毛竹用了四年的時間，也只不過長了三公分，但到了第五年以後，每天以三十公分的速度成長，只用了六週的時間就可以長到十五公尺，沒過多久就變成鬱鬱蔥蔥的竹林。

雖然在之前的四年裡，它只長了三公分，但它將根在土壤裡延伸了數百平方公尺。做人、做事也是如此，即使現在的你拚了命，努力也看不到成果，或者不為人所知，但並不是你沒在成長，而是你像竹子一樣，把根深深的扎進土裡。等待時機的成熟，登上別人遙不可及的巔峰。

每一個優秀的人，都會有這麼一段時間，埋頭努力看不見立竿見影的效果，我們把這段時間稱為「向下扎根」。但只要時間足夠長，下功夫足夠深，熬過那三公分，找到

「臨界點」之後，就會實現「爆發性增長」。

只是**大多數人總是高估自己一年的變化，卻低估自己堅持十年的成就**。就像我以前總是容易間歇性雄心壯志、鬥志昂揚，只是不超過一天就會被打回原形。但現在的我更懂得，不管是成長還是投資，靠的是日復一日的積累，就是今天總在昨天的基礎上進步一點點、再進步一點點。

成功的道路並不擁擠，因為能堅持到最後的人其實並不多。願每個人都能找到你的複利曲線，在一個點上發力，做到極致，那麼這一生也就不會太差。

刻意成長指南

1. 複利思維：做事情A，會導致結果B；而結果B，又會反過來加強A，不斷循環。簡單來說，就是你上一個階段的投入會成為下一個階段投入的優勢。
2. 關注圈和影響圈：全球最卓越的領導力大師史蒂芬·柯維（Stephen Richards Covey）博士在《與成功有約》提出關注圈和影響圈的概念。「關注圈」是指我們日常所關注的事情，如健康、家庭、事業、環境、時事、新聞、娛樂、八卦等。而「影響圈」則是在我們的「關注圈」之內、個人能力所能影響的事情。

3. 努力有三個層次：第一層，低品質的努力，大多數人都是在這一層。第二層，有方法的努力，高效利用時間和調度資源。第三層，減少目標，透過戰略努力，找到核心競爭力，少做事、做對事。

第三章

畢業後，才是學習的開始

普通人想要擺脫平庸，學習就是最好的出路。

在這個娛樂至上的時代，學習可以說是一種稀缺的品質。儘管任何知識都不能給你帶來好運，但它們能讓你悄悄變成你自己。

但比起盲目學習，你須要掌握正確的學習方法：用T字形學習法升級大腦底層作業系統，搭建知識宮殿。系統學習一門學科，用肌肉能力法把知識變成實實在在的能力，最後透過輸出倒逼輸入，同時站在巨人的肩膀上模仿，快速迭代。

學習就是這樣一件困難而正確的事，你只需長期堅持做，等待時間的回報即可。

01 T字形學習法，你就是搶手的稀缺人才

你在十八歲沒學會的技能，到二十五歲可能會讓你錯過心動的東西。你在二十五歲沒積累的能力，可能讓你在三十五歲遭受到生活的碾壓。

經常聽到有人說現在讀大學就是在浪費時間，還不如念個科大，學個技能，還好就業。其實不然，**不是讀書沒有用，是你讀的書沒有用**。

「一招鮮，吃遍天」（按：指擁有某一特長，即可到處謀生）的時代已經過去了，未來需要的是複合型人才，你學過什麼知識並不重要，重要的是能綜合所學的知識解決問題的能力。

你需要一種「T字形」學習法，用字母「T」表示，縱向的「|」表示你在某一個領域的深度，你需要在這個領域精學到八十分，甚至九十分；橫向的「一」表示有延展性、廣博略學其他領域的重要技能，不能低於平均水準六十分。

再結合「二八法則」原理，你要把八〇%的精力和深度思考留給精學，在縱向上做到少而精；二〇%的時間在橫向上做得越來越廣。兩者的結合，既有較深的專業知識，

又有廣博的知識面，才能成為這個時代稀缺的人才。

T字形學習法＝八〇％精學＋二〇％略學

冰山模型，正確認知自我

學習的核心是長本事，我們應該是最了解自己的人，要根據自我優勢做針對性的自我提升計畫，而不是按照學校、父母給你劃定的節奏走。

美國史賓森教授（Spencer & Spencer）於一九九三年提出職能冰山理論，它將個體素質的不同表現劃分為三個層面（見圖3-1），是現在很多大公司用來做人才招聘、培養的基礎模型。

首先，冰山以上的部分是知識和技能。這一部分就像海面上的冰山一樣，是你呈現在人們視野中的顯性素質。

所謂的**知識**，**就是你在學習和實踐中獲得的認知和經驗**，比如財務知識、人力資源知識、法

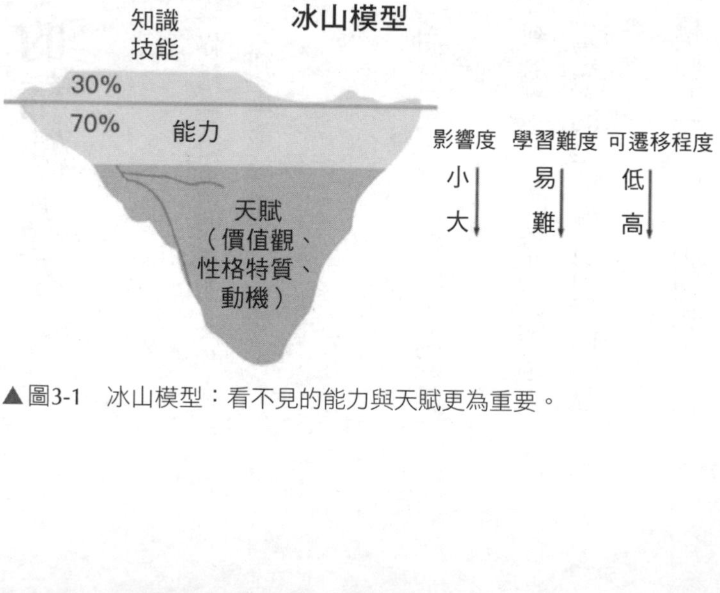

▲圖3-1　冰山模型：看不見的能力與天賦更為重要。

律知識等。它可以說是進入某個行業的門檻，優秀與否，關鍵在於是否形成體系知識。這一點，我在下一節（第一百二十三頁）中會重點講解。**技能，是指你掌握並能運用的某項專門技術**，比如基本辦公室軟體 Word、Excel 和 PowerPoint 的操作技能。

一個人的知識和技能可以靠培訓和學習獲得，也是容易了解與測量的部分，比如你在大學期間考過各種證書，律師證照、企業人力資源發展證照、營養師證、全民英檢證書……都是在向別人證明你具備了這方面的知識和能力。

盤點自己的知識和技能，對你的職業選擇和個人發展是有重要的指導意義。比如你有一份特別心儀的工作，就可以結合職位的具體需求，有針對性的去提升。

其次，是冰山中間的能力部分，半隱半浮，有些能力容易體現出來，如溝通能力；有些能力則不易被察覺，如領導力。它包括專業的能力，以及通用能力（如寫作能力、溝通能力、結構化思維能力、演講能力等），一旦培養起來，可以在多領域通用。能力的培養週期相對長一些，需要以知識為基礎，然後再透過刻意練習，才能將知識內化成能力，這一部分我會在後面章節做（見第一百三十四頁）專門講解。

冰山以下最下面的一層是天賦，包括價值觀、性格特質、動機，我總結為隱藏特質。這是你平時幾乎看不到的部分，但它決定了「你到底是什麼樣的人」，會選擇什麼樣的事業，同時也很難改變。這一部分，在第一章，我已經提到相關內容：如何透過熱愛的事、擅長的事情、價值判斷，找到自己的核心定位。這和你的人生目標密切相關，也就是你要選擇的精學方向。這裡不再贅述。

精學——一萬個小時定律

所謂的精學，就是需要你拿出一大段的時間，去鍛煉出一項或兩項硬本領。這項硬本領就是你的護城河，甚至是撒手鐧，只要你一出手，別人就沒飯吃了。

在這個時代，總會傳出裁員的消息。那些被迫失業的員工，大都是缺乏護城河，容易被替代的人。真正聰明的人，都會下笨功夫，找到自己的護城河，透過精學，不斷加寬和鞏固它。

相信很多人都聽說過一萬小時定律——成為某個領域的專家需要一萬個小時的學習累積。一萬個小時，如果每天工作八個小時，一週工作五天，那麼成為一個領域的專家至少需要五年。透過這一萬個小時的學習，要求你在這個領域，不僅要具備基本知識和技能，還要具備別人短時間內無法超越的能力。

舉個例子，號稱每天要用幾百款口紅的網紅李佳琦，九〇後的他，只用了三年，就從月薪三千元的櫃員，成長為月薪七位數的直播主。很多人覺得他的成功，無非是選擇「直播」風口，以至於蜂擁進入直播行業。但你可能不知道他在成為直播主之前，因為熱愛美妝，選擇成為化妝品櫃檯的一名櫃哥，積累了豐富的美妝知識和經驗，上千支不同品牌的口紅，他看一眼，就能告訴你這是哪個品牌、哪個色系的哪種型號口紅。

後來，當上美妝直播主之後，他更是一年三百六十五天直播三百八十九場，導致聲帶受損，六個小時試了三百八十支口紅，試到有了心理陰影，超過一萬個小時的積累，才有了今天的成績。

正如日本經營之神稻盛和夫所說，付出不亞於任何人的努力，比任何人更多鑽研，而且一心一意保持下去。**如果有閒工夫抱怨不滿，還不如努力前進、提升，即使只是前進一公分**。有些事情我們稍加努力，就能輕鬆做到業餘的六十分，但要達到八十分就需要付出成倍的努力，到九十分就更難了。所以，每次看到市面上很多宣傳的噱頭，說學了什麼課程，讓你月入過萬，我都抱著懷疑態度。

在這新媒體發達的時代，很多人認為誰不認識幾個字，寫作很容易，紛紛想湧入寫作的賽道。但如果你真的報了課程，學習寫作，就會發現，起初上手寫幾篇還是很容易的，但堅持一段時間，就很容易靈感枯竭，半天憋不出一個字來。如果你不能突破，選擇放棄，就相當於在六十分水準裡停滯不前，下一次換個行業還得從頭再來。

其實，我們大多數人的努力根本沒有達到拚天賦的程度，無非就是你付出多少努力就有多少收穫。傑出並不是一種天賦，而是一種人人都可以學習的技巧。如果你想要變成一個厲害的人，就要在一萬個小時的基礎上刻意練習，大致可以分為三步：

- 掌握正確的知識，發現或建立事物背後的思維模型或方法論。
- 透過反覆練習，將這個方法「內置」到自己的大腦，使其成為一個自動化反應的心智模式。
- 找個好教練，給予及時的回饋。

在「學習→練習→回饋→優化→學習……」的循環中，實現自我提升。在這個過程中，一萬個小時定律就像個篩子，先篩掉三分鐘熱度的人，再篩掉沒有耐心的人，最終只留下內心強大、堅持努力的人。

一旦你突破了，從量變到質變，成為前二〇%的選手，就能夠在該領域得到最高價值的回報，獲得有說服力的跳板和實用的砝碼，並擁有跳轉新賽道的主動選擇權。像很多歌星在成名之後，會轉換到影視行業，也是這個道理。

水一定要燒到攝氏一百度才能沸騰，人生不能浪費在一次次「半途而廢」的狀態中。與其製造十個鍋子的水都煮不開的狀態，不如將一鍋水煮到沸點。

略學──二十小時學會八〇%的核心邏輯

T字形學習，要求你除了在某一個專業領域，要有一、兩項八十分至九十分的硬本領之外，也要求你具備一些基本知識、通用技能和能力，在其他的領域也能做到六十分。比如你在公司工作，至少要具備基本辦公室技能和通用能力。

當然，這些技能和能力，並不需要你達到非常優秀的水準，只要能夠拿得出手就行。比如主管要你做彙報，那你至少能做一份六十分以上的PPT。你是一個程式設計師，寫程式是你的強項，但溝通能力也不能太差，至少要能把事情表達清楚，否則如何和其他同事協調合作？

不過，相較於成為某一個領域的專家，需要一萬個小時才能達到。你只需二十至三十個小時就能入門一樣東西。

按照冰山模型，在獲取冰山以上的知識部分，可以參考《五分鐘商學院 個人篇》劉潤老師分享的關於略讀的方法。面對「精通」行業九九%細節的客戶，身為商業顧問的他只用二十小時，就能「學會」一行業八〇%的核心邏輯。他的方法包括四步：

◈第一步，大量泛讀

比如你想學習「區塊鏈」，先上Google，搜索「區塊鏈」關鍵字，找到評價最高的三本書；透過「買過這本書的人，還買過哪本」的方法，再選五本；最後，加兩本不暢銷，但明顯系統性強的書，比如《區塊鏈原理》等。

開始泛讀這十本書，不是逐字逐句讀，而是先讀序和目錄，然後讀每一章的核心觀點，記錄概念和公式，然後再記錄自己的疑惑和想法。

建議選擇電子書，可以大大提高標注、回顧、記錄的效率。

◈第二步，建立模型

找一面巨大的白板牆，把標注的概念、模型、公式，寫在便利貼上，貼到白板上，再用白板筆和板擦，建立、修正它們之間的關聯，逐漸形成系統模型。類似心智圖。

◈第三步，請教專家

必須先建立模型再求教，如果你沒有形成基本的全域觀，問不出好問題。如果你不知道去哪裡找業內專家，可以上類似於「在行」（按：中國知識分享平臺）之類的平臺，花些費用，帶著問題虛心求教。然後，修正你的模型。

◈第四步，理解複述

使用「費曼學習法」（見第一百四十七頁），講給別人聽。

五小時泛讀＋三小時建模＋兩小時求教＋剩下的十小時在「複述」上。最終，你就用二十小時，快速入門一項完全陌生的知識。

類似辦公室基本技能，你也可以透過一些略學的小技巧迅速通關。比如我在剛開始工作時，曾經一星期才生出三頁ＰＰＴ，被主管批到一文不值。痛定思痛，我自學後才知道，製作一份九十分的ＰＰＴ很難，但要做到六十分，只需掌握以下三點即可：首先找到一份合適的ＰＰＴ範本。其次，梳理ＰＰＴ的結構邏輯。最後，把文字表達盡可能變成圖像表達模式。

我掌握這套基本方法之後，每次都能輕鬆搞定年終報告、彙報、演講等需要ＰＰＴ的場合。我建議這些基本技能，你在大學時就要學起來。未來在職場上會對你的發展起到關鍵的幫助作用。

至於位於冰山中間的能力，例如溝通、寫作、演講等，我們在後面會用一個小節（見第一百五十二頁）專門講解。

這是一個需要終身學習的時代，如果你想要有所成就，就要學會T字形學習法，找到自己精學的方向，把八〇%的精力和時間花在這個領域上，鍛煉出別人短時間無法超越的能力。其次，將二〇%的精力花在基本知識、技能和能力的學習上，不能被它扯後腿，達到平均水準即可。

你未來的人生，都是要靠實力說話。你在十八歲沒學會的技能，到二十五歲可能會讓你錯過心動的東西。你在二十五歲沒積累的能力，可能讓你在三十五歲遭受生活的碾壓。只有在年輕時全力以赴，不遺餘力的打磨自己的核心競爭力，提升學識和認知，你才有資格期待一個好結果。

刻意成長指南

1. 刻意練習：如果你想要成為某個細分領域的高手，就必須掌握該領域具有結構化的知識和技能，再加上大量重複的刻意練習，即：
   - 掌握正確的知識，發現或創建事物背後的思維模型或方法論。
   - 透過反覆的練習，將這個方法「內置」到自己的大腦，使方法成為一個自動化反應的心智模式。

- 找個好教練，給予及時的回饋。

2. T字形學習法＝八〇%的精學＋二〇%的略學，把八〇%的精力和深度思考留給精學，做到少而精；剩下的二〇%，在橫向上做得越來越廣。
3. 冰山模型：美國史賓森教授提出的一個著名模型，將人員個體素質的不同表現形式，劃分為表面的「冰山以上部分」和深藏的「冰山以下部分」。「冰山以上部分」包括基本知識、基本技能，是外在表現，是容易了解與測量的部分，相對而言也比較容易透過培訓來改變和發展。

   而「冰山以下部分」包括社會角色、自我形象、特質和動機，是人內在的、難以測量的部分。它們不太容易透過外界的影響而得到改變，但對人員的行為與表現起著關鍵性的作用。
4. 一萬個小時定律：作家葛拉威爾（Malcolm Gladwell）在《異數》（*Outliers*）一書中指出的定律，人們眼中的天才之所以卓越非凡，並非天資超人一等，而是付出了持續不斷的努力。一萬小時的錘煉是任何人從平凡變成世界級大師的必要條件。

02 我這樣準備，三個月就通過司法考試

利用碎片化時間學習不可怕，可怕的是你學到的是碎片化訊息。

如果你想學習寫一篇高轉化率的文案，一般會如何學習？

今天在社群看到一篇〈使用這五個標題公式，你也可以快速寫出高轉化率的文案〉，你覺得很有道理，趕緊收藏起來。明天聽到身邊同事介紹說，「寫文案一定要懂得洞察用戶的心理」，就忙著記錄下來。再後來又看到朋友轉傳的「一百條必背文案建議收藏」，你覺得也不錯，連忙一條條摘錄並背誦下來。

可是當你發現自己記了滿滿的一大堆筆記，但每次要使用的時候，腦子就像一團糨糊，根本不知道從何用起，間歇性的躊躇滿志，忙忙碌碌卻還在原地踏步。

利用碎片化時間學習不可怕，可怕的是你學到的是碎片化資訊。

在手機螢幕的時代，每個積極努力的人知識總量都差不多，但這些知識是支離破碎的散落在四處，還是互相扶持成為體系，決定了一個人思維的高度。

什麼是知識組成模型

我們日常接觸的大部分資訊，其實就是一堆零碎的東西。而知識必須是資訊形成結構，互相之間形成關聯之後，再存入我們的大腦留存。

按照知識的演進層次，DIKW體系按照知識在腦子裡形成的難易程度，分成四個層次（見圖3-2）：資料（Data）、資訊（Information）、知識（Knowlege）、智慧（Wisdom）。

處於底層的是最基本的資料，就是你從外界直接獲取的數據、文字、圖像、符號等，包括別人傳授給你，從書本上直接獲得的知識，都屬於沒有經過任何處理的資料，很多人對知識的獲得就只停留在這一層。

往上數第二層叫做資訊，這個知識是將從外界獲得的資料進行加工得來的，比如你讀完一本書，做了一張心智圖。這張心智圖是融入了你的思考和創造並加工處理後有邏輯的資訊。

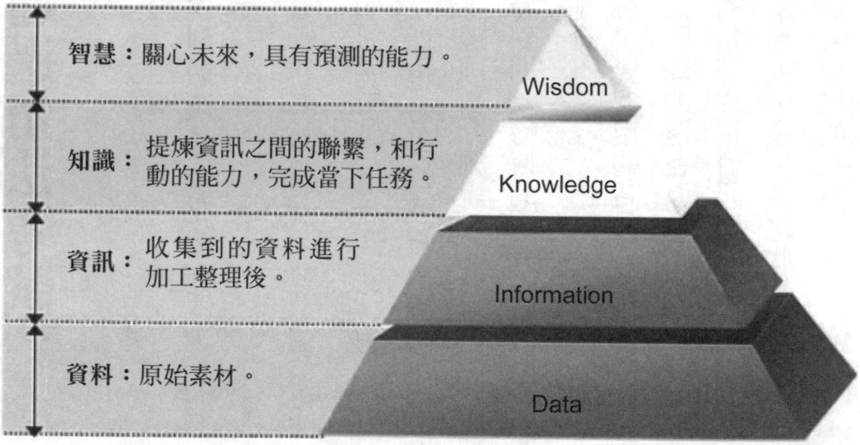
智慧：關心未來，具有預測的能力。
Wisdom
知識：提煉資訊之間的聯繫，和行動的能力，完成當下任務。
Knowledge
資訊：收集到的資料進行加工整理後。
Information
資料：原始素材。
Data

▲圖3-2　DIKW體系能讓我們了解分析、重要性及概念工作上的極限。

往上數第三層叫做知識，要求你必須在某個領域擁有足夠多的資訊後，提煉出資訊之間的聯繫，將它們整合成一個整體，形成一個系統。資訊與資訊之間，彼此有強關聯，屬於同一個系統，並不是零散；組合體系的知識，並非東拼西湊別人的「口水」，而是大量的數據加工後形成的。

最高一層的智慧，也是最難得的，可以簡單歸納為正確判斷和決定的能力，它是在知識的基礎之上，透過經驗、閱歷、見識的累積，形成對事物的深刻認識，以及對未來的洞見。

想要擁有智慧，並不是一件容易的事情，這裡暫時不講。本節將重點介紹如何搭建第三層的知識，形成單門學科的知識體系。

我的第一次知識體系搭建，花了三個月的時間，搭建起一個龐大的法律知識體系。雖然現在並未從事法律的相關工作，但方法都是通用的。下面將以我參加司法考試的案例詳細敘述。

如何搭建知識體系

國家司法考試被稱為「中國第一難考」（按：中國有最難考的四大考試，依序為司法考試、註冊會計師考試、高考、公務員考試），十八個科目，三百五十八萬字的教材，兩百九十多個法律法規司法解釋，兩百二十萬字的模擬試題，七百多萬字的基礎閱讀教材，這個量幾乎超越了人類的記憶極限。

如果把知識體系做一個比喻的話，它就像一座知識宮殿。它宏偉壯麗，但並不是高不可攀。你可以把自己想像成一名工程設計師，現在要建造一座叫做「法律」的知識宮殿。俗話說，萬丈高樓平地起，一磚一瓦皆根基。建造房子最重要的就是由點成面，由面成體，把一塊塊零散的磚頭疊成高樓大廈。

在正式講解知識體系搭建之前，我們先了解它的最小顆粒——知識點，它就相當於構成大廈的一塊塊磚頭，是一個個相對獨立的知識要素。比如，《中華人民共和國婚姻法》（以下簡稱《婚姻法》）規定，結婚年齡，男不得早於二十二週歲，女不得早於二十週歲（按：臺灣現行《民法》規定，男生未滿十八歲，女生未滿十六歲，不可以結婚，不過二〇二〇年底，將法定男女結婚年齡都調整為十八歲，預計二〇二三年開始施行）。就是一個簡單的知識點。

但如果你想要結婚，光知道這個知識點，是不夠的。三個至四個知識點在結構上存在一定的邏輯關係，就會形成一個知識鏈。比如，《婚姻法》對於結婚條件的要求，除了年齡，還對血親、意願等方面做出規定，就是一個知識鏈，相當於大廈裡的一面牆。

知識鏈與知識鏈相互關聯，就會形成一個知識網。《婚姻法》除了對結婚條件做出規定之外，還對離婚、家庭關係做出規定，它們彼此之間就構成了一個知識網，就像一間間獨立的小房間。

除了《婚姻法》之外，還有行政規章，最高法、最高檢出臺（按：指最高法院、最高檢察署發表的法律或政策）的司法解釋等，就構成了一個簡單的婚姻知識體系。了解完這些基本概念，我們再來講一講如何搭建知識體系的宮殿。

◈第一步：明確學習目標

在搭建之前，首先要找到你的目標，再使用逆向思維以目標為終點，反向分析要完成這個目標，你必須掌握哪些知識？比如我當時之所以想要參加司法考試，主要是雖然我主修醫學，輔修法律，但學校只能頒發醫學學位。

當時，我已經很明確自己並不想要從事醫學相關的工作。那麼，就必須透過一本法律證書來證明自己擁有法律相關從業資格。

有了學習的原動力，接下來要設定學習目標，而且目標要求明確具體，可採用SMART原則做計畫：

- **目標必須具體**（Specific）。我當時的目標就是要通過司法考試，為此，我制訂了一個大概一百天的學習計畫，每天十個小時，分四輪複習的高強度學習。這就符合目標設定必須明確具體，將大目標分解成具體的小目標實施，我甚至還將計畫細化到每個階段的學習內容，比如多久完成第一輪的複習、多久學習完某一門學科。
- **目標必須是可衡量的**（Measurable）。我當時的衡量方式就是六百分的司法考試，通過分數至少是三百六十分。但我並不想要低分飛過，當時給自己設定的目標是四百分。後來的考試成績為三百八十三分，也證明設定高目標，更有利於實現自我要求。目標的衡量標準，要遵循「能量化的量化，不能量化的質化」，盡量使用一些可以衡量的數字來評估，否則容易造成沒有目標。

- **目標是可實現的**（Attainable）。在正式備考之前，我諮詢過相關的學長、學姊，有人能經由三個月的加強準備通過考試。加上我大學時期其實陸續學過相關的法律知識，並不是完全從零起步。只是要把平時學到零零散散的資訊，形成整體的法律體系。一口吃不成一個胖子，定目標切勿好高鶩遠，一定要從自己的實際情況出發，一步一個腳印才有可能完成。

- **制訂的計畫與目標相關**（Realistic）。我當時設定四輪複習計畫，從第一輪熟悉所有的知識點，到第二輪模擬試題研讀，再到第三輪的重點知識突破，最後到所有的知識靈活應用，每一輪的複習，都是為了最後能順利通過考試做準備。你制訂的每一個計畫和小目標，都應該和你最後想要達成的大目標是相關的，才能夠起到事半功倍的效果。

- **以時間為衡量尺度**（Time-based）。我當年考試的時間是九月下旬，距離我六月底正式準備，大概一百天的時間，每天學習十個小時，就是一千個小時，足以讓我成功晉級成一個具備基本法律素養的「新星」。目標的設置要有一定的時間限制，不宜過短，也不宜過長，既會讓你有相應的緊迫感，也會讓你看到希望。

所以，如果你沒有明確學習目標時，別急著開始。只有你先找到激發內心的原動力，用SMART原則制訂出你的學習計畫，才能更好的完成目標。

◈第二步：搭建框架

在明確了學習目標後，你可能會想：我對這領域還不了解，要怎樣去搭建框架？答案是：找到一個已有的體系，而不是自己去搭建。比如，雖然我在大學期間也學過一些法律課程，但是非常零散，對於怎麼使用，以及各個法律之間的關係，在準備司法考試前完全是不清楚的。試想如果憑藉我當時的法律知識，完全不可能搭建起整個法律體系框架。

在這個階段，我去找相關的大綱解讀，先大致了解一下整體的法律框架，和需要學習的理論知識，知道這座大樓具體要蓋幾層，每一層樓要蓋幾個房間，做到心中有數。

在這裡，給大家一個建議，如果大家翻看一本新書時，搭建知識框架最好的方法，就是先去翻看書的目錄，將目錄做成一個心智圖，思考作者為什麼要這樣編排目錄。這樣你對該書就有了基本的框架認知，後續再看其他內容，腦子會有一個心智圖在指引，不再是零碎的知識點，不至於最後書本看完，卻什麼也沒記住。

◈第三步：在框架裡填充知識

接下來就到了最需要花費時間和精力的一步，就是用磚頭把每個樓層搭建起來，即在框架裡掌握具體的知識。

這個階段，不管是對理解要求較高的民法、刑法知識，還是類似法制史、憲法、經濟法的一些記憶知識，你的第一遍學習，就是必須把所有的知識點都學過一遍，也就是對知識進行加工。尤其是司法考試的卷二、卷三，要求深刻掌握理解刑法和行政法的法律制度，民事與民商的法律制度，需要具備很強的法律理解力，必須下苦功。從最簡單的一個法條到法條背後制訂的邏輯，要求從知識點到知識鏈，到知識網，再到知識體系，都必須能清晰映入你的腦海裡。

在我全力備考的三個月裡，基本上每天保持雷打不動的一個作息規律，早上七點起床，晚上十點休息，一天保持十個小時的學習時間。後來和我同住的姊姊怕我讀書讀傻了，晚上硬是拉著我去社區散步。

主持人何炅曾說過一段話：「要得到，你必須付出，要付出，你還要學會堅持，如果你覺得很難那你就放棄，但放棄你就不要抱怨。人生真的是這樣，世界真的是平衡的，每個人都是透過自己的努力，去決定生活的樣子。」

看到這裡，你肯定會想問：「那麼多知識點，我該從何學起呢？」二八法則，同樣也適用於學習，你不需要學會所有的知識點，關鍵是找到重要知識和資訊的「二」。那麼，如何找到關鍵知識「二」呢？這裡介紹兩大原則：

原則一，在麥肯錫方法中有很重要的一條，就是**利用前輩經驗，不要做重複勞動**。雖然我是第一次接觸司法考試，但外面有很多培訓機構的老師對這個領域有深入的研究，我只要找到每個領域講得最優秀的人，學習他們的課程，省時又省事。

當你進入一個全新的領域或者不熟悉的領域，建議你可以先去找到該專業領域的前輩，能幫助你迅速提高獲取知識的品質和效率。一般情況下，這些前輩還會推薦一些他們認為該領域比較好的書本，你根據他們的推薦再去學習，能起到事半功倍的效果。

原則二，**付費知識大於免費知識**。現在市面上有各式各樣免費的知識和內容，但大部分免費的知識會有很多的廣告干擾資訊，有的還需要你下載，還有絕大部分知識並不完整，只提供一些試聽體驗。

如果獲取知識耗費的時間成本大於金錢成本，在經濟上沒有太大壓力的人，我建議最好付費學習。一方面可以得到更好的學習體驗，沉沒成本也會讓你更珍惜；另一方面還可以讓你結識一些志同道合的同行者，增加知識的獲取效率和知識的轉化率。

◈第四步：建立彼此之間聯繫。

知識之間都是相關聯的，我們要學習的不是孤立的知識點，而是建立知識彼此之間的關聯，學會靈活運用。

比如，我們如果把整個司法考試知識比作一座宮殿，民法知識就是其中的一層樓層，那麼《民法總論》就是主臥的一號房間，《物權法》是二號房間，《合同法》、《侵權法》、《繼承法》等都有各自的房間。司法考試要求你除了需要把所有知識點分類到各個房間，還要能輕易舉一反三的調動這一層樓的知識儲備，需要哪些知識，就能在哪個房間找到。

除了每一層樓每個房間之間的關聯知識，宮殿裡的每個樓層之間也存在著聯繫。比如，你學過《法理學》，當中講到的一些法律制訂的規則，其實也是可以輔助民法的學習。當你把所有知識點填充到腦子，並且能分清楚知識點與知識點之間的關係，你的整座知識宮殿就搭建得差不多了。

◈第五步：隨時更新知識體系。

當你搭建完成一座知識宮殿後，有了一個穩定的知識體系，剩下的就是日常的維修更新。要知道，隨著時代的發展，整體知識體系一般不會有太大的變動。但也有一些動態變化，你需要定期學習，更新大腦系統。就好比通過司法考試，但每一年都會有法律法條的更新，那麼你就要不斷去學習一些新的法條，才能保證不會被落下。

透過建構這樣的知識宮殿的工具模型，能幫助我們快速搭建知識體系。我們再回顧一下搭建知識宮殿的過程：

一是你需要以SMART原則為目標導向，找到內心的原動力；二是找到已有的體系，去搭建整座宮殿的框架；三是要投入大量的時間和精力，夯實和學習各種具體知識點；四是建立宮殿彼此之間的聯繫，學會舉一反三，輕鬆應用所學的知識；五是在構建了知識宮殿後，別忘了即時更新拓展知識宮殿。

恭喜你，掌握這套知識體系搭建的底層方法，以後參加任何考試，或者想要學習任何一門新學科就不再是難事，而且有系統的掌握知識之後，隨取隨用，知識才是真正學到手。

刻意成長指南

1. DIKW金字塔模型：知識管理的經典金字塔理論，Data（資料）、Information（資訊）、Knowledge（知識）、智慧（Wisdom）由下至上組成了DIKW金字塔模型。資料經過整理變成資訊，綜合資訊能解決某個問題就形成知識，知識透過反覆實踐昇華成為智慧。
2. SMART原則：將目標分為五個維度，即具體的（Specific）、可衡量的（Measurable）、可達到的（Attainable）、具有相關性（Relevant）、有明確的截止期限（Time-based）。

03 知識不等於能力，你得學會肌肉能力訓練法

知識要轉化為能力，否則無用。

印度有一部神劇《三個傻瓜》（*3 Idiots*），它不僅是一部喜劇，更是一部引人深思且具有教育意義的片子。影片主人公蘭徹所就讀的工程學院教給學生的只是填鴨式教育，教學生如何拿高分。

在第一天的課堂上，教授提問：「機械的定義是什麼。」蘭徹自信的說：「能讓工作變簡單和省時的都是機械，比如風扇、電機甚至褲子拉鍊。」

不過，老師卻不認可他的回答，反而對另外一位一字不差的背誦出課本上定義的學生稱讚有加。但就是這樣一個反對功利教育的怪才，在十年後，成為一位擁有四百項專利的科學家。誠如蘭徹在影片一開始說的：**「死記硬背也許能讓你通過大學四年，但會毀掉你接下來的四十年。」**知識和能力，從來都不能畫等號，你需要把知識和理論，應用轉化成實踐生活的能力。

知識要轉化為能力，否則無用

我們的大腦就像一個電腦硬碟，知識就像是一本書，學知識的過程就相當於在電腦硬碟裡儲存檔案一樣。即便一臺儲存整個圖書館的電腦，一旦離開應用程式，它是永遠也不可能獨立完成任何工作，那麼它依然只是一個工具而已。

我們經常說「知識就是力量」，但為了分數疲於應對，也只不過是把知識從書本平移到記憶中，壓根構不成力量。想要把所學的知識轉化成力量，需要一個轉換過程，只有把學到的知識先轉變成思想，繼而由思想轉變成觀念，觀念再去支配行動，只有行動才能產生結果。

簡單來說，就是知識必須用於實踐生活，轉化成為能力，才能帶來力量。比如，我大學期間修讀過法律，也拿到了法律職業資格證，但是當初花了幾年時間學習，和三個月閉關鑽研的法律知識，對於現在的我來說，就只是停留在腦袋裡的知識。如果你現在要我獨立去開庭、寫司法文書、和當事人談判，我是絕對沒有能力辦到的。

沒錯，就是缺乏把所學的知識，應用到工作和實踐上，轉化成能力的過程。你必須清楚的認識到：**我們學的知識對我們的將來是沒有什麼用的**。它只是一堆概念、公式、資料，就算你搞科學研究，它們很多也是沒用的。

一個只有知識的人，其價值還不如一本書。十本書也比不了。一個有能力的人，一個既有知識又有能力的人，那就是媲美百本書籍的實力。要想讓知識有用，就要學會運用知識，變成你的能力，才可能產生力量，最終能真正轉化成你的經驗和財富。

能力跟馬甲線一樣，都需要練

我們在前面重點介紹了冰山模型，能力部分位於表面的知識技能和底層的天賦之間，和知識技能相比，它無法被直接量化，但和隱藏特質相比，它又並非不可培養。就像一個人的英語能力是不是真的強，你很難單純靠一張證書或幾道題目觀察得知，必須在真實情境中才能看出。看對方能否用一口流利的英語交流，才是能力的判斷標準。

相信很多人都有被英語「虐」到懷疑人生的經歷，絕大部分人可能花了十幾年時間去學英語，可到了關鍵時刻，卻是一句連貫的英語句子都說不出來，腦子裡只能蹦出幾個零零散散的單字，完全不知道如何組合起來。

我自認為記憶力還算不錯，大學時背單字，一天就能「斬獲」上百個單字。可是我依然沒有辦法直接用英語和別人交流。直到有一年，我去國外旅行，問路、買東西，都避免不了要跟國際友人打交道。剛開始，我拚命的調用腦子裡英文單字，手舞足蹈的向他們表達我的需求。在那幾天裡，我明顯能感覺到自己的英語在飛快的進步。

我那時第一次意識到，知識和能力是兩種完全不同的模式，你用「背單字」的學習模式，永遠不可能練成一口流利的英語，能力需要另外一種學習模式。

背單字是知識的學習方式，它講究持續累積、持之以恆，哪怕每天熟記一個單字，一年也有三百六十五個單字量。但能力不一樣，如果你只是每天看兩頁書，看一年，演講能力是否會提升呢？答案顯然是不能。

打個比方，能力的獲得，其實跟練肌肉是一樣的道理。你如果想要練出馬甲線，一天做一個捲腹，做一輩子，加起來也相當於做了無數個捲腹，但這輩子也不可能這樣就練出馬甲線。但如果你每天堅持練習一百個捲腹，堅持一個月，相信立馬就會有效果。這是為什麼呢？主要是因為在大重量、高強度的鍛煉中，我們肌肉纖維被撕裂；鍛煉之餘，再透過補充大量的蛋白質，進行修復，你的肌纖維就在這個過程中變粗了，你也就長出了肌肉，練出了馬甲線。

能力提升也需要對原有行為習慣的改變，透過高強度的訓練刺激，來打破你的行為慣性和思維定式，轉變成另一種新的行為方式。

看到這裡，你應該就能夠恍然大悟，聯想一下自己當年被英語「虐」到懷疑人生的經歷。單字背了很多，語法也學了不少，可是面對國際友人，卻還只是「啞巴英語」，原來只是不懂這套肌肉能力訓練法。

想要快速獲得某一項能力，肌肉能力訓練法絕對是可以讓你快速見效。而想要練出能力，必須掌握當中三個基本要素：二〇%核心知識、高強度訓練、體系化訓練。

◈二〇%核心知識

俗話說：三分練、七分吃。健身的朋友應該都知道：健身過程中，一定要及時補充優質蛋白質，它可以幫助肌肉的修復和增長。在能力訓練的過程中，也需要有高品質的知識輸入。在上一小節「如何建立知識體系」，提到了二八法則，你不需要學會所有的知識點，只需要找到重要知識和資訊的「二」。

比如，我在最開始轉型到新媒體寫作時，也經歷過三個月投稿無門的窘迫。於是，我先在網路上搜尋各種新媒體寫作課程，最後選擇了一門公認口碑最好的課程，花了我大半個月的薪水，從零開始學起，並且有意識的把學到的理論知識應用到寫作中。

不要在重複工作中建立自己的知識、經驗，而是要透過各種途徑（專業書籍、專業網站、專業平臺），找到這個領域裡權威、專業的模型或方法論，才能少走彎路，掌握到核心知識。

◈ 高強度實戰——單點突破法

我們已經知道，要想鍛煉出肌肉，需要透過高強度練習，從而撕裂原來的肌肉纖維。那麼如何透過高強度的訓練刺激，打破你的行為慣性和思維定式呢？李善友教授曾提出過一個觀點——高手與業餘選手的區別在於，高手在九九％的時間裡是在記定式、演算法、案例、公式、定律，而業餘選手則是在重複不重要的訊息。

比如好的音樂老師，不會要學生練習整首曲子，而是把曲子分解成很多片段，再一塊塊分段練習，可以更清楚每段的結構，美國高水準橄欖球運動員只有一％的時間用於隊內比賽，其他時間都是針對特殊技術動作的基礎訓練；棋手用來記定式和打棋譜所花的時間，是棋手水準高低唯一重要的指標，而不是與對手對弈所花的時間。

什麼叫真正的練習？是把整座知識體系的「大廈」，拆分成為一塊塊「磚頭」，然後分頭去練習。

有一個思維模型叫做單點突破法，就是面對每一項能力的提升，你可以先做計畫，計畫完了以後去實施，實施的過程中進行檢查，檢查執行結果是否達到預期，分析影響的因素、出現問題的原因，並提出解決的措施，然後再把檢查的結果進行改進、實施、改善，再次做計畫，如此進行循環，直至攻克這個問題。還是舉我在最開始轉型到新媒體寫作時的例子。

當時我先把寫出一篇閱讀量「十萬＋」的文章的重要因素拆解出來，包括標題、選題、結構、金句等幾大因素，進行一一突破。比如，在標題的突破上，我會找出閱讀量「十萬＋」爆文，把它們的標題摘抄出來，再分成幾個大類，分析這個標題為什麼能紅。下次下標題時，我會把之前收集到的標題找出來，思考著我的標題如何套用這些爆款標題。

最開始取一個標題，我都要花上老半天，先自己腦力激盪，至少取二十個還算不錯的標題，再發到同事群組裡，請同事們幫忙票選出他們認為最優的。每天發文資料出來以後，我會再復盤一下這一期的標題資料如何，下次可以有哪些改進的方案。根據總結的經驗，把沒有解決的問題，重新做計畫，下次去提升解決。

就這樣，時間長了，看到一篇文章的標題，我大概就能判斷它在平臺的大致數據，並且能較快的取出一個還算不錯的標題。

這樣高強度的實戰，你可能一開始會覺得有些難度，也不容易堅持，但任何能力的學習，都要經過先僵化，再固化，最後活化成本能的過程，這是你打破思維定式、拓展能力邊界必經的過程。

沒有哪一種能力的獲得，不需要經過一番「寒徹骨」就能輕易獲得。但當你突破之後，就會有一種像《西遊記》裡的唐僧，歷經九九八十一難，取得真經的成就感，能力也會更上一個臺階。

◈體系化訓練

有健身經驗的朋友一定知道，想要練出腹肌，你制訂的訓練計畫，一定不是只練腹部，而是有節奏的全身訓練。能力提升也是這樣，相似能力放在一起，做體系化的訓練，才有最佳效果。

比如，寫出一篇閱讀量破十萬的文章可以靠運氣，但想要寫出上百篇，就需要非常扎實的寫作能力。所謂的寫作能力，不僅僅是指你成文的表達能力。首先，它需要你具備選題能力，選題直接決定一篇文章八〇%的閱讀量；其次，你得讓文章邏輯通順，這就需要具備結構化思維；最後，你還要讓內容通順，這就需要良好的語言輸出表達能力。也就是，在練習新媒體寫作的過程中，你需要把選題能力、文字表達能力、思考能力等多項能力綜合在一起提升，否則就無法完成一篇閱讀量破十萬的文章。

最後，我們來總結一下：知識不等於能力，你不能用背單字這種循序漸進的模式，而要像練肌肉一樣，找到核心知識，加上高強度實戰和體系化訓練，才能快速鍛煉出能力的肌肉。而且這種能力一旦練成了，就像騎自行車一樣，是不會被輕易遺忘的。它會融入你的血肉中，一旦你有需要，就能立即調用。

《牧羊少年奇幻之旅》（*O Alquimista*）中有一句話——人總是害怕去追求自己最重要的夢想，因為他們覺得自己不配擁有，或者覺得自己沒有能力去完成。

現在，你知道任何一項能力都可以透過這一套肌肉訓練法，刻意練習獲得，你對自己的夢想是不是更有信心了呢？

刻意成長指南

1. 肌肉能力訓練法：能力的獲得和知識積累的方式完全不同，它需要三個關鍵要素：二〇%核心知識、高強度實戰、體系化訓練。
2. 單點突破法：指在一個點上持續且深入的達成目標的過程，透過計畫↓實施↓總結↓評估↓再計畫的循環模式，成為學習一個技能，或獲得某種能力的方法。

04 方法不對，你的努力一文不值

真正厲害的人，從來不會只滿足做一個輸入者，而是要想方設法變成一個輸出者。

曾經有一個讀者三天兩頭私訊我：「要不要開寫作班呢？」我剛開始還挺納悶，以為他是對我的寫作有多認可。後來一問才知道，原來那段時間，他剛畢業不久，處於一個極度焦慮的狀態，報名市面上各式各樣的課程，演講課、新媒體運營課、商業諮詢等一大堆課程。

隔了大半年，我再問他學得怎麼樣了？沒想到，他沮喪的回了我一句：「什麼知識付費，都是割韭菜」。

不得不說，在如今知識焦慮的時代，我們身邊有很多年輕人不是不學習，而是每天想學習的太多。結果，浪費的不僅僅是金錢、精力，還有多次無效努力帶來的頹喪感和挫敗感。所以，請停止低水準努力，方法不對，你的努力一文不值。

你只是看起來「很努力」

身為一個曾在知名知識付費平臺工作過的人，以我對知識付費的認知，知識付費可以說是讓我們以一個非常優惠的價格，就能接觸最頂尖學者、優秀老師的智慧。比如，我當初採訪余秋雨先生時，他說以前每年秋雨書院招收博士後（按：又稱博士後研究員），大家都是擠破門檻也搶不到名額。但因知識付費的出現，我們以一、兩百元的價格，就能學習到他大半生的文化研究成果。

只是現在多數人都太浮躁，急於求成，追求立竿見影，妄想三天就能學會高情商表達，寄希望於五天就能口若懸河，當眾演講，認為自己報了課程，聽了課程，就能學到手。殊不知，沒有對輸入資訊進行正確加工，你只是看起來「很努力」，花費的金錢和時間也許都白白打了水漂。我們必須糾正一個觀念——**看過不等於知道，知道不等於學到，學到不等於做到，做到不等於可複製**。

美國學習專家艾德格．戴爾（Edgar Dale）發現並提出，透過聽講、閱讀等被動學習，兩週以後的學習保持率最多只能達到三〇%的學習效果；只有討論、做中學、教別人等主動學習方式，才能讓學習效果提升至五〇%以上（見下頁圖3-3）。

我們的大腦其實是一個閉環的知識結構，輸入——處理——輸出，三者缺一不可。

「輸入」最常見的就是讀萬卷書、行萬里路、閱人無數等各種觀察和體驗。「處理」就是你將學習到的概念、觀察到的現象、親身經歷的體驗等，在大腦裡構建起聯繫，思考清楚內在邏輯，判斷價值觀。

「輸出」則是將你在「處理」環節思考的結果，用某一種特定的形式表現出來，和別人溝通是一種輸出方式，寫文章是一種輸出方式，做心智圖、拍影片都是不同的輸出形式。

大多數人學習失敗的原因，就是缺少處理和輸出這兩個環節。如果只有輸入，沒有輸出，你就永遠不知道自己是否真的都學到手。輸出的過程，其實是處理內化的過程，它會強迫大腦梳理輸入的知識點，強迫你歸納、梳理、結構化輸入的知識。同時，也是檢驗你是否真正學到手的重要標準。

以教代學，運用輸出代替輸入

在資訊海量的時代，輸出是比輸入更有效的學習手段。

▲圖3-3　學習金字塔（Learning Pyramid）。透過「聽講、閱讀、視聽、演示、討論、實踐、傳授給他人」，學習效果會從5%一路提升到90%。

我以前看書的速度很慢，經常一本書翻來覆去一個月，還停留在前幾頁，但現在成為一個專職寫作者，「輸出倒逼輸入」，我的閱讀速度變成一天就能泛讀完幾本厚厚的書籍。

當你開始輸出時，你會發現，輸入會透過大腦的思考和邏輯，內化成對你有價值的東西。這也是檢驗學習效果最好的方式。在這裡和你分享常見的三種知識輸出方式：

◈資料加工

我們在上一節提到，知識可分為四個層次，你輸入的資料屬於數據，只有經過處理，融入你的思考和創造，才能轉化為資訊。

資訊加工的形式有很多種，心智圖、筆記記錄等，都是常見的不錯的學習方法。在我使用過的諸多輸入管理工具中，首推康乃爾筆記法（Cornell Notes system）。這種記筆記的方法廣泛的運用於上課、讀書、複習、記憶、會議記錄等場合，它是記與學、思考和運用相結合的一種資訊加工方式。

康乃爾筆記法，把一頁筆記分成三個部分，左邊四分之一用來寫提綱，底部五分之一的空間做總結，右上角最大的空間作為筆記區，記錄詳細內容（見下頁圖3-4）。

筆記一共包括五個步驟：

- 記錄（Record）：在筆記區記錄所學的內容，要注意不同的知識點之間留有一定

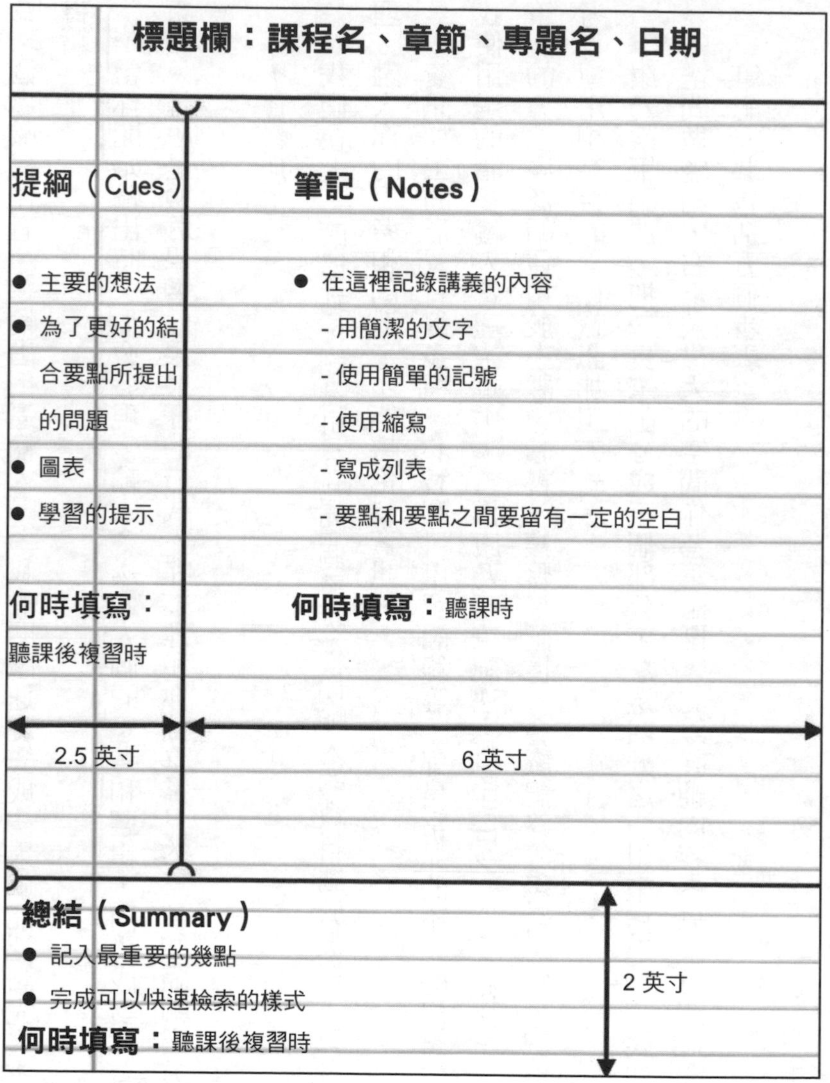
標題欄：課程名、章節、專題名、日期
提綱（Cues）
● 主要的想法
● 為了更好的結合要點所提出的問題
● 圖表
● 學習的提示
何時填寫：
聽課後複習時
筆記（Notes）
● 在這裡記錄講義的內容
- 用簡潔的文字
- 使用簡單的記號
- 使用縮寫
- 寫成列表
- 要點和要點之間要留有一定的空白
何時填寫：聽課時
2.5 英寸
6 英寸
總結（Summary）
● 記入最重要的幾點
● 完成可以快速檢索的樣式
何時填寫：聽課後複習時
2 英寸

▲圖3-4　康乃爾筆記法，把筆記本每頁都分成提綱欄、筆記欄、總結欄3個區域，每個區域都有特定用途。

的空間。

• 簡化（Reduce）：在左欄簡化每一個知識點的內容，可以使用總結關鍵字或者提問題的方法，主要是起到提示的作用。
• 背誦（Recite）：遮住筆記區的內容，透過左欄簡化內容的提示，複述所學到的內容。如果想不起來就繼續學習，直到可以完整複述所學內容。
• 思考（Reflect）：將所學的內容，用自己的話總結出來，寫在下欄總結區，強迫自己進行輸出。這一步最難，可以採用自我提問的方式，例如，我收穫到的新認知是什麼？我改變的舊認知是什麼？我接下來要如何去做？
• 複習（Review）：根據研究，大腦是會遺忘的，再聰明的人都會遺忘，只是遺忘的量不同。如果想長時間記住一個知識點，必須經常複習。

你讀過的書，上過的課，寫過的讀書筆記，如果不經過刻意處理和管理，相當於沒有讀。康乃爾筆記法就是集合筆記、複習、自測和思考於一體，你一開始會覺得麻煩，但堅持一段時間，你就會發現它的神奇之處。

有輸出的學習才是真正的學習，沒有輸出，只是一味輸入還不如不學。

◈ 費曼學習法——傳授他人

檢驗你是否真正消化所學的知識，最有效的方法就是講給別人聽。被稱為世界頂級的學習方法——費曼學習法。它最初是由美國物理學家、諾貝爾物理學獎獲得者費曼（Richard Phillips Feynman）提出，能夠幫助你提高知識的吸收效率，真正理解並學會運用知識。

費曼學習法，簡單來說就是四個關鍵步驟：

- 選擇要學習的概念。
- 嘗試將概念教給別人。
- 發現問題，回去繼續學習。
- 簡化語言表達。

在日常生活中，你可以將所見、所聞、所感，透過費曼學習法刻意輸出。比如，當你讀完一本書或者學完一個新概念，就發一個六十秒的語音給自己。在這六十秒裡，盡量講得清晰、明瞭，生動有趣，聽眾就是你自己。你也可以把臉書作為輸出陣地，用兩百個字講清楚一個概念、一件事情、一個想法。

驗證自己是否真正掌握一個知識點，就看你能否把那些晦澀難懂的知識掰開揉碎，透過講述倒逼自己不斷歸納、總結、昇華並最終內化，這也正是費曼學習法的魅力所在。需要提醒的是，你要把接受資訊的一方當成十歲的孩子，盡量不要帶專業術語，用自己的話轉述。如果對方還能聽得懂，你也覺得講得很起勁，還能扛得住追問，才能證明你真正消化了這個知識點。

◈知識顯性化，打造自己的個人品牌

什麼是知識顯性化？就是你透過輸出，把學到的知識寫成文章發表出來，拍成影片發到網路上，當眾做演講，甚至把它分享給身邊的朋友，不僅打造了自己的個人品牌，無形中也會形成你的專家網絡，幫你獲得更多優質的資源，實現知識轉化。

首先，你要找到自己擅長的輸出方式。每個人擅長和喜歡的表達方式不一樣，有人喜歡寫作，有人擅長演講，也有人傾向於拍成影片。形式都不重要，你要想辦法做輸出，哪怕寫復盤日記也行。

其次，不要閉門造車。你要把輸出的內容放到合適的公開平臺，接受別人的回饋和建議，進而反向促進提升，說不定還能因此而得到一批粉絲。在網際網路時代，不管是LINE、抖音、知乎（按：中國知識問答網站），還是臉書，都可以成為你的輸出陣地。

比如，我在最初學基金理財時，關注過一個B站UP主（按：B站是Bilibili的簡稱，中文叫嗶嗶哩哩，UP主則是指在影音網站、資源網站等地上傳影片、音訊或其他資源的人）剛開始做直播前，他主動告知來聽直播的人，自己也是一棵韭菜，是為了不被割韭菜，才免費做直播分享自己的復盤。

在這個過程中，為了每天的直播，他要倒逼自己去學習和研究基金，關注相關的行業資訊，以至於他對基金市場有了更加深入的研究，年化報酬率一度高達二五％。同時因為堅持直播，他的粉絲也逐漸往上漲，不到一年的時間，就累積了上百萬的粉絲。

做一件事情堅持一天容易。但一年三百六十五天，五十二週，兩百五十個工作日，堅持兩百五十場直播，絕對需要極大的毅力。在這個過程中，每晚關注他直播的粉絲，也是他堅持下去的動力。

你不需要很厲害才能開始，但你需要開始才會變得很厲害。輸出能力是需要培養和訓練的，也許你剛開始輸出效果非常不好，但沒關係，忍耐並接受自己的笨拙，時間會是最好的證明，不斷嘗試，不斷改進，當輸入和輸出形成良性循環時，意味著你自身從內到外都會發生一種蛻變。

真正厲害的人，從來不會只滿足做一個輸入者，而是會努力變成一個輸出者。你是想做一個輸入者？還是輸出者？你是想一輩子當個賣糖水的？還是想改變這個世界？想法不同，世界也會不同。

希望看到這裡的你，從復盤本書內容開始，開啟你的「輸出之旅」！

刻意成長指南

1. 學習金字塔：它是一種現代學習方式的理論。最早由美國學者、著名的學習專家艾德格．戴爾一九四六年首先發現並提出，他主要將學習分成被動學習和主動學習兩種方式。被動學習包括聽講、閱讀、視聽、演示等形式，這種學習平均留存率不到三〇%。
   - 主動學習包括討論、做中學、教別人，最高可達到九〇%的留存率。
2. 康乃爾筆記法：
   - 記錄（Record）：學習過程中，在主欄記錄知識點。
   - 簡化（Reduce）：概括主欄內容，提煉要點。
   - 背誦（Recite）：遮住主欄，用左欄敘述回顧主欄的內容。
   - 思考（Reflect）：將學習體會，寫在下欄，加上標題和索引，編製成提綱、摘要，分成類目。
   - 複習（Review）：每週花十分鐘左右時間，快速複習，主要看左欄，適當看主欄。
3. 費曼學習法：被稱為世界頂級的學習方法，是諾貝爾物理學獎獲得者查德．費曼創造的一種學習方法，核心是把複雜的知識簡單化，以教代學，讓輸出驅動輸入。

05 如果學習有捷徑，這條路一定叫模仿

只有你學會站在巨人的肩膀上，才能夠有機會超越巨人。

在橫跨醫學、法律、新聞、網路等多個領域後，經常有人問我學習是否有捷徑？我的回答是，成為高手沒有捷徑，除了抱著死磕、自虐的態度外，別無他法。如果真的要找出一條捷徑的話，那大概只有「模仿」。

我第一次感受到模仿的巨大魔力，是在剛上大學的那一年。我是一個土生土長的閩南姑娘，從小老家都是用方言交流，就連上高中時，老師還經常用閩南語講課。

高考後離開家鄉，到福州讀書，才絕望的發現，「胡建」真的不是「福建」，「湖州」也不是「福州」。普通話多次被同寢室室友吐槽：「妳能不能把舌頭捋直了再說話」，這使我一度很自卑。

當時我還沒有智慧手機，就拿著一臺MP3，在無數個清晨、中午、黃昏、深夜，跑到學校宋慈湖邊，模仿著主播發出的字正腔圓的普通話，一遍遍跟讀。又剛好同班有一個北方姑娘，說一口流利的普通話，字正腔圓，說話甚是好聽。於是，我便主動和她

成為好朋友，沒事就找她聊天，偷偷的模仿她的發音，也請她糾正我的發音。

終於，用了一年的時間，我總算練了一口還算流利的普通話，至少能讓身邊朋友聽得懂我的話，也不再夾雜著濃濃的口音。也因為早年這種刻意模仿，讓我在多年以後，有機會站在星光熠熠的舞臺上，對著全場幾百人清晰的表達自己的觀點。

此後，在學習一門新技能，無論是做ＰＰＴ、演講，還是打牌，我都會特別重視模仿。**模仿，是我們能夠快速入門的學習方法，你只有學會站在巨人的肩膀上，才能夠有機會超越巨人。**

模仿，最快的學習捷徑

太陽底下沒有新鮮事，你在成長路上遇到的問題不管多難，肯定有人已經找到了最優的解決辦法。你要做的，不是把所有坑再踩一遍，把所有的彎路再走一遍，而是用別人的磚，蓋自己的樓，這是最快的捷徑。模仿是人類的本能，幾乎我們的任何學習都是從模仿開始的，比如，孩提時學說話從模仿大人開始，學下棋先從學棋譜開始。

這幾年，經常有讀者問我：「既不是科班出身，也不是職業作家，要如何入行寫作？」我的答案就只有兩個字：「模仿」。除非是天才，否則任何創作必須從模仿開始。達文西小時候學畫畫，不也是從「畫雞蛋」這種模仿開始，透過反覆模仿，才成為偉大的藝術家。書法家鄭板橋在發明「板橋體」的書法字體之前，也曾潛心臨摹過歷代書法名家的作品，甚至達到了以假亂真的地步。

在初期轉型到新媒體寫作時，我也是透過找到很多被認證過的爆款文章範例，拆解背後的寫作邏輯，再透過模仿和刻意練習，寫出自己的第一篇閱讀量破十萬的文章。

透過對別人的模仿和借鑑，你才能很快學會用別人的眼睛換位思考，這也是從入門級創作者到資深創作者轉變的必經之路。凡富於創造性的人必善模仿，凡不善模仿的人很難創造。

當然，**模仿並不是抄襲，而是在模仿別人的底層邏輯的基礎上，學習別人的長處，同時彌補自身的不足**。比如，你做業務，同事的業績每個月都比你高，你想超越他，你該怎麼做？不是加倍努力，也不是死磕，而是請教你同事，有什麼成功祕訣？無論放在什麼領域，都是一樣的道理，你要做什麼事，就去研究把這件事做到金字塔尖的人。

想打造有影響力的個人或品牌，就去研究該領域最紅的「網紅」；想要做公眾號，找幾個定位相似的公眾號，研究它們的排版、選題、風格、尺度……俗話說：「一切事情即模仿，模仿之中能生巧。」任何進步的捷徑無他，模仿而已。

準確模仿法，讓你快人一步

第一個到達山頂的人可能需要二十四小時，而第二個到達山頂的，沿著第一個人的腳步，可能只需幾個小時。

不過，學習，要學全套；模仿，也別模仿皮毛。想要真正把模仿這件事學到位，還真不是一件容易的事。我總結了三個關鍵的操作步驟分享給你。

◈複製

複製，最難的就是找到正確的示範對象。如果你選錯了模仿對象，訓練效果可能會適得其反，Ctrl＋C的動作，關鍵在於你選中的對象，也就是專人模仿、專項模仿，和閱讀模仿。

專人模仿即模仿別人，這種模仿可分為模仿朋友、大咖、老師等三種方式。

模仿朋友，就是你身邊有某一位某方面能力特別強的朋友，你可以就具體的某一個問題向他請教，請他分享一下經驗，推薦快速提升的書單。**在你還沒成功時，至少要有識別成功人物的能力**。

我在之前工作時多次被主管吐槽：「妳的結構化思維太差。」為了刻意提升結構化思維，我就找身邊一位結構化思維特別好的同事作為模仿對象，經常和對方打交道，模仿她的說話邏輯、寫作結構。還特地請她吃飯，向她請教提升結構化思維的方法。透過刻意模仿和練習，不到一個月的時間，我就被主管當眾表揚：「妳現在的條理越來越清晰了。」

模仿大咖，在某一個特定的領域，如在電視或網路上看到你特別喜歡、特別想模仿的偶像，你就反覆觀看他的影片學習。這種模仿的學習效果，標的基本上是行業內最頂尖的人物，還有偶像的激勵作用，肯定會有很大的幫助。但同時也因為缺乏現場指導，如果悟性不夠高的話，學習的週期可能會很漫長，甚至提高幅度也不會很明顯。

模仿老師，這種模仿的訓練效果也是最顯著的，由專業的老師講解相關理論，然後做示範，最後才讓學員去模仿。如果有模仿不到位的地方，還有老師現場做指導。

我曾經採訪過一位企業家大姊，到了六十多歲還活到老、學到老。想學國畫，就聘請當地有名的國畫大師到家裡教，不到半年，她的畫就獲得市裡老年組的國畫金獎。有專業老師手把手的指導，再進行模仿，效果肯定是不言而喻的。

而專項模仿即模仿某人或者某個節目裡面的某一點，簡單來說，你不再進行整體的複製，而是模仿其中一部分。比如，我二〇二〇年參加了一個演講比賽，因為時間緊迫，我就拆分出演講最重要的兩件事，也就是演講內容、肢體語言，分別進行模仿。

在演講內容上，我找到過往內容與我相近的演講者，拆解對方的演講稿子的框架，梳理自己的演講主題和內容。肢體語言方面，我選擇另外一位更有感染力的演講者，重點學習他如何讓自己的手勢更加瀟灑，如何讓自己的動作更加乾淨俐落等要領。

透過專項模仿，我的演講能力在短時間內獲得了迅速提升。這種模仿就是集中別人的優點，吸收學習到自己身上，短時間內會有明顯的提高。

至於閱讀模仿的閱讀和一般意義上陶冶性情的讀書還是不一樣的，而是要帶著明確的目標進行閱讀。

當你遇到某個問題，你不要憑藉著過往經驗，就埋頭苦幹，而是要先去找到能解決你當前問題的書籍或經驗文，再結合自己的情況進行改進。比如，在前面章節，我就分享過如何利用從書本學到的麥肯錫方法，租到自己喜歡的房子。

這種模仿目的性極強，能讓你在更短的時間內把理論和實踐結合起來，目的明確，有的放矢。**在技能學習上，最快的學習方式，就是複製。**

◈ 貼上

貼上是要把上述複製別人的行為，貼到你的身上。我們的大腦是會騙人的，潛意識會告訴你：你複製下來，就是模仿到了。於是，你就會發現自己的家裡有很多書，網頁我的最愛裡有很多精華內容連結，但只要你不按下 Ctrl + V，這些永遠都不會是你的。

複製只是一種輸入，只有貼上，輸出之後，你才能真正學到位。而貼上的方式，也就是輸出方式，常見的有三種：寫作、演講、實踐。

經過你大腦處理過的輸出，貼上一次，你就能感覺到這就是自己的。當你再貼上三、四次後，這個知識和能力就會「長」到你的腦子裡。

記住，**複製模仿了別人的故事，貼上演繹成自己的人生。**

◈ 有效回饋

我們的創作起源於模仿，但模仿只是開始，我們不能以模仿結束，你還需要不斷獲得回饋，並把回饋應用到實踐中，才能迅速進步。

還是舉前面參加演講比賽的例子，我當時選擇去參加比賽，就是因為有專業演講老師可以提供專業的指導，讓我可以少走很多彎路。而且比賽還會錄製影片，我可以跟主辦方索取，反覆研究現場的表現，就可以復盤此次的表現，以增進下次提升的空間。

無論是找到專業的指導老師，還是自己錄影片，或者做復盤，**隨著有效的反饋和學習的深入，你不斷進行優化調整，就會形成自己的風格**。我們常說，「熟讀唐詩三百首，不會作詩也會吟」、「讀書破萬卷，下筆如有神」也是這個道理。

創作練習，離不開借鑑和模仿；但真正打動人心的東西，應該是自己嘔心瀝血的創造。從簡單的複製（有哪些可以參考的示範）到複雜貼上（把別人的經驗，放在自己身上），再到回饋（根據回饋調整自己），每一件事都經由模仿學習而來，再經由模仿而吸收，形成自己獨一無二的風格。

在美劇《少年謝爾頓》（*Young Sheldon*）裡有一個小故事，九歲的謝爾頓智商堪比愛因斯坦，他也立志要成為像愛因斯坦那樣的偉大科學家，偶然得知小提琴幫愛因斯坦建立了很多理論。於是，他不僅學習小提琴，還要和愛因斯坦一樣信仰猶太教，直到一位猶太教教授告訴他：「成為你自己，上帝不會問你，為什麼你沒成為愛因斯坦？但他可能會問你，為什麼不做你自己？」

是的，學習的第一步是模仿，但模仿，並不是意味著失去自我。**在模仿的基礎上應用，在應用上進行創新。創造，才是最大的模仿。**

刻意成長指南

1. 太陽底下沒有新鮮事，你在成長路上遇到的問題不管多難，肯定有人已經找到了最優的解決辦法。你要做的，不是把所有坑再踩一遍，把所有的彎路再走一遍，而是用別人的磚，蓋自己的樓，這是最快的捷徑。
2. 模仿常見形式：
   - 專人模仿，包括模仿朋友、模仿大咖、模仿老師。
   - 專項模仿，即模仿某人或者某個節目裡面的某一點。
   - 閱讀模仿，帶著明確的目標進行閱讀。
3. 準確模仿法：
   - 複製，找到正確的示範對象進行模仿。
   - 貼上，把別人的經驗，實踐到自己身上。
   - 有效回饋，從外界獲得回饋，並根據回饋，進行自我調整。

第四章

你關注的人，決定你看到的世界

吉米隆（Jim Rohn）說過一句話：「你是什麼人，取決於你最常接觸的五個人的平均值。」

傳統的交友模式，就是你今天有機會碰到誰，或者你身邊有什麼樣的環境，就能結交到什麼樣的朋友。這種模式非常受限，能遇到三觀（按：世界觀、人生觀、價值觀的合稱）一致的朋友，完全靠運氣。

但在網際網路時代，你可以透過ＡＡＲＲＲ漏斗模型（第一百六十四頁），先大規模放大自己交友的範圍，再透過層層篩選，提升遇見志同道合朋友的機率。

本章將詳細從優質人際結交，到透過朋友圈打造個人品牌，線下見面，弱關係變強，再到一五五人際關係管理法，讓你成為社交達人，開啟社交的複利模式。

01 如何結交到比自己更優秀的人？

你關注的人，決定你看到的世界。

有一個段子是這麼說的：「我媽問我為什麼不結婚，為什麼不上北大？難道是因為我不願意嗎？」

事實上，人是透過選擇實現自我塑造的。但是，窮盡你現有的資源和稟賦，選擇的空間可能還是非常有限。只有你找到你想仿效的人、讓你欽佩的人，以及能夠幫助你的人，不斷邀請他們進入你的生活，打破原有資源匱乏的困局，放大自己的選擇組合，你才有機會成為那個想要成為的自己。

三年前，我初到上海這座城市時，沒有一個認識的朋友，只能寄宿到一晚八十元的青年旅舍。三年裡，我幾乎每天都在結識比自己優秀的朋友，不斷增加和改變我的社會關係網。

在這個過程中，我並沒有成為所謂的「社交達人」，也不需要改變自己的性格，或者放低自己的交友標準，而是透過一個簡單的「社交槓桿」──AARRR模型，就輕鬆升級了朋友圈，放大努力。AARR模型，簡單來說，就是前端獲取足夠多產生弱連結的人，再透過啟動、留存變成好友，最後價值互換轉化為彼此的貴人，實現推薦的良性循環（見左頁圖4-1）。

- 獲取（Acquisition）：如何獲取優質人際關係？
- 啟動（Activation）：對方對你的第一印象如何？
- 留存（Retention）：對方會和你深度連結嗎？
- 轉化（Revenue）：對方願意和你產生價值互換嗎？
- 推薦（Referral）：對方會把你推薦給其他人嗎？

本小節，先講講如何擴大交友範圍，結交比你優秀的人，和他們產生弱連結。

正確的社交觀

在社交領域，有一個六度分隔理論（Six Degrees of Separation），即你和任何一個陌生人之間，所間隔的人不會超過六個。只要你願意，最多透過六個人，你就能夠認識世界上任何一個陌生人。

比如，你想要認識美國前總統歐巴馬（Barack Obama），理論上只需最多透過六個人的引薦，你就完全有機會認識他。但如何連結到這六個人，就要用到你的「人際關係網」來衡量。

一般來說，我們的人際關係網可以分為三層：以你為中心，最靠內的一層是你的親朋好友；中間一層就是你的一些交情一般的普通朋友；再往外一層，就是弱連結，可能你們就簡短交談過幾句話，見過一次面，甚至只是聽說過對方的名號。

但最外層的這些人才是你人際關係所能挖掘的地方，透過他們，你能撬動到意想不到的人際關係和資源。

故AARRR模型的第一步獲取，就是獲取用戶，結交優質人際關係。

網際網路時代使得人和人之間連結的精力大大降低，透過社交平臺的分享、微信社交群、付費課程等方式，能夠增加流量

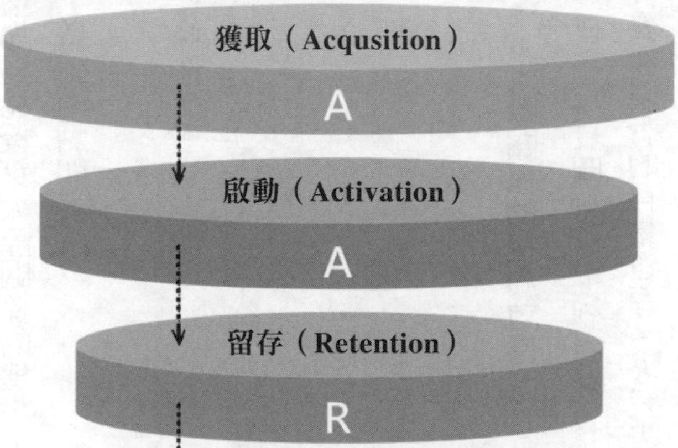

▲圖4-1　AARRR模型，分別對應用戶生命週期中的五個重要環節。

樣本，加大弱連結樣本數量，增加遇見優質人際關係的機率。

如果你想遇到更多的貴人，做到兩點即可：

- 加大弱連結的數量（前提條件）。
- 提升過程的轉化率，即提升弱連結樣本裡，轉化為好友和貴人的數量。

具體落實的方法有二：

◈第一步：建立社交肌肉——人際關係的複利效應

我們在前面章節（見第一百零二頁圖2-6）提到複利有一個基本公式，FV＝*P*×（1+*R*）^N，*P*代表你現有的存量資源，*R*代表你正在做事情的收益率，*N*代表時間，

把這個公式套用在人際關係積累上，可得圖4-2公式。雖然我們沒有辦法決定初始人際關係，但只要踐行「每天認識一個新朋友」的方法，隨著時間的推移，就會產生意想不到的效果。

我在前面章節曾分享自己初到上海，在沒有任何朋友的情況下，透過每天認識一個新朋友，鍛煉社交肌肉的故事，就是這個原理。

人際關係＝初始人際關係×（1+新朋友的人數／原有朋友的人數）^天數

▲圖4-2　人際關係的基本公式。

你接下來會問：「那要到哪裡尋找優質人際關係呢？」在網際網路時代，很多人為了打造自己的個人品牌，都會開設公眾號、抖音、視頻號等，在臉書、微博等平臺上公開分享自己的一些觀點。你平時就可以在社交平臺搜索瀏覽當前關注的資訊，看到優質的粉專分享，就可以先關注他們。然後瀏覽他們過往的分享，如果遇見你覺得和自己三觀契合，或者能提升你的認知的分享者時，就可以「順藤摸瓜」找到對方的聯繫方式，主動添加對方為好友。

當然，這並不是說，你加完對方微信，對方就是你的朋友。這還遠遠不夠，但加上對方的微信後，在某種程度上意味著你是他一萬名好友中的一員，有機會在朋友圈關注對方第一手資訊，跟對方產生進一步連結和學習。

以我為例，我平常有瀏覽知乎、視頻號的習慣，在瀏覽時，如果我覺得對方的分享不錯，社交肌肉就會告訴我，找聯繫方式加好友。加到好友以後，你要做的第一件事情就是自報家門，做一個自我介紹。介紹有三項重要內容：你是誰、你對他的仰慕、能給他帶來價值。

第一項內容「你是誰」，你可以提前整理一個範本，把你的名字、定位，以及榮譽、光輝事蹟梳理出來。

第二項內容「你對對方的仰慕」，具體寫明對方某一篇文章，或某一個視頻號的某個觀點，說過哪一句話給你帶來影響，對你有什麼樣的啟發。

第三項內容「你能給對方帶來價值」，為別人增加價值也是我們和所有人交往的前提。即便現在你們沒有發生真正的價值置換，但並不代表未來沒有機會和可能性，你可以以保守的態度跟對方說：「期待未來有機會合作和交流」。

當你非常誠懇的介紹自己的來歷，對方對你有了基本的認識，是不會把你拉黑的。如果這個時候對方還把你拉黑，就說明你們不是同路人。那也沒關係，繼續去關注尋找下一個。**雞蛋，從外打破是食物，從內打破是生命；人，從外打破是壓力，從內打破就是成長。**

這個動作看起來簡單，卻也是最難的，你需要突破內心的自我設限，由被動變成一種主動積極的狀態，並且還不會被別人的三言兩語擊退。

◈第二步：透過互動，增加彼此聯繫

好多人好不容易互加了好友，然後就沒有然後了，關係就永遠停留在第一步。社交是一個從弱連結到互為貴人的遞進關係，你需要把弱連結的陌生關係，轉向好友，甚至到強連結的貴人關係，步步推進。我在此分享自己是如何連結到暢銷書作家李尚龍的。

認識龍哥時，我還是一個剛入門的新媒體寫作小白，當時剛好在寫作社群裡看到他的名字，就非常興奮的加對方為好友，一開始也是採用上述自我介紹的方法。

他是我在寫作路上的一個標竿，我在微信上把他標記成「星標好友」（按：一種分組方式，在通訊錄裡群組會顯示在最上面，方便人們尋找），日常會在朋友圈裡給他按讚，後來開始評論留言。

再到後來，每一次他的新書發布，我都會主動幫他做宣傳，一來二去他對我也就有印象了，多次贈送他的新書給我。有一年在他的新書簽名會上，我還特地當面向他請教寫作的定位和後續發展。從陌生人到朋友圈按讚之交，到主動幫對方做宣傳，再到「奔現」（按：指在網路中認識的兩個人由虛擬走向現實發展），都讓我們的關係層層推進。人與人的關係，其實是非常微妙的，主要是由心理距離較遠的一方決定。從陌生人，到按讚之交的弱關係，再到貴人的強連結，你必須經受住對方和時間的考驗。

你在加上對方的微信後，經常給對方的朋友圈按讚評論，讓他注意到你的存在。記住要多讚美，提看法，少抬槓。久而久之，對方就會對你留下非常深刻的印象。後面就可以製造線下見面的機會，或者有其他的合作，產生進一步的連結。

有很多人都是索取思維，剛加上大咖的微信，就想要對方傳授他的成功祕訣給你，帶你進入他的圈子，那估計只有你親爹才做得到。要知道，別人之所以能比我們更優秀，一定是有你可以學習的地方。我們要做的是，一方面不斷向優秀者學習，不斷提升自我價值，等待你們未來可以產生價值交換的一天；另一方面，在你做不到價值交換時，請你先用情感去交流，主動付出，用最笨的方法，獲得對方的認可。

暢銷書作家孫晴悅說過一句話：「三十歲之前，你需要最大限度的去主動認識別人，去用力靠近那個你想成為的人；而通常等到你足夠專業，等到你三十歲之後，就應該是別人前仆後繼的想要來認識你。」

你關注的人，決定了你所看到的世界。他們的交際圈、知識面、思維方式、說話方式和工作層面都會直接或間接的影響到你。二十幾歲時，你可能要踮起腳尖，才能結交到比你更優秀的人；而等到你變得優秀起來，就會有越來越多的人主動想來認識你。

讓我們從今天起，和更多志同道合的朋友在高處相逢。

刻意成長指南

1. AARRR模型：網際網路上的一個經典的增長漏斗模型，分別對應用戶生命週期中的五個重要環節：具體分別為獲取（Acquisition）、啟動（Activation）、留存（Retention）、轉化（Revenue）、推薦（Referral）。
2. 六度分隔理論：你和任何一個陌生人之間，所間隔的人不會超過六個。只要你願意，最多透過六個人，你就能夠認識世界上任何一個陌生人。
3. 人際關係網：以你為中心，最靠內的一層是你的親朋好友；中間一層就是你的一些交情一般的普通朋友；再往外一層，就是弱連結，可能你們就簡短交談過幾句話，見過一次面。

02 你的朋友圈，就是你行走的名片

經營朋友圈，就是在經營你的公眾人格和隱形簡歷。

多年前，一名叫「麥子」的網友寫了一篇引發億萬網友共鳴熱議的文章──〈我奮鬥了十八年，才和你坐在一起喝咖啡〉。作者是一個農家子弟，經過十八年的奮鬥，才有機會和大城市裡長大的同齡人一起喝咖啡。沒想到的是，我僅僅透過打造朋友圈，不到一年的時間，就獲得一位大咖邀約喝咖啡的機會。

滬漂之前，我曾受到一位百萬粉絲的知名博主的一句話鼓舞：「如果你不甘於平庸，如果你還有野心，那就勇敢向前，勇敢改變，想要的未來在不遠的前方。將來的你，一定會感謝現在無所畏懼的自己。」

後來，我好不容易加到對方的微信，起初也曾多次想約見對方，但奈何當時自己的咖位和勢能還不夠，微信另一端幾乎都是沉默。直到有一天，對方突然發來一則訊息：「朋友圈裡感覺妳這一年的變化挺大，想約妳聊聊是否有合作的機會。」

就這樣，靠著一個朋友圈，我有機會和知名博主坐在一起喝咖啡。

朋友圈可以說是網際網路時代一個偉大的產物。以前我們認識新朋友，是遞上一張名片，「你好，這是我的名片」。現在你認識新朋友，是掏出手機，跟對方說一句：「來，我們加個LINE吧」。

我剛到上海時，朋友圈好友不到五百人，這三年裡，我透過打造一個高質量的朋友圈，積累起三個微信號，一萬多名好友和讀者。遇見優質好友的機率，可以說是「直線式上升」。

對於我們大多數的普通人來說，**朋友圈相當於你的個人品牌櫥窗。經營朋友圈，其實就是在經營你的公眾人格和隱形簡歷**。如果經營得好，它就能形成你的個人品牌，成為你置換社會資源最好的展示窗口。不過，據我對上萬名好友和讀者的觀察，大多數人並不知道如何打造一個高品質的朋友圈。

你的朋友圈，就是你「行走的名片」

在心理學的領域有一個叫做「周哈里窗」（Johari Window）理論，它把人際溝通的資訊分為四個部分（見下圖4-3）：

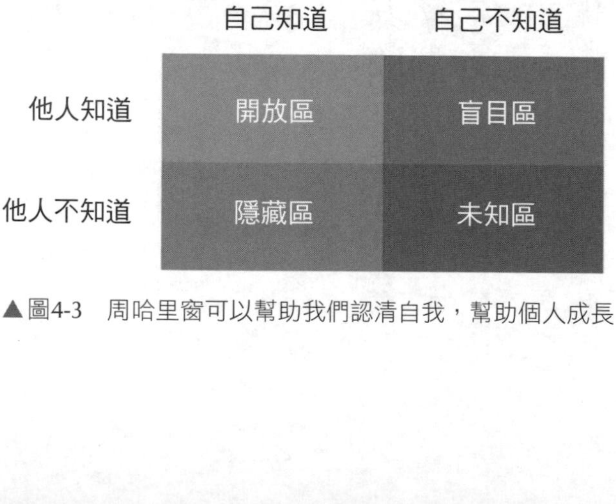

▲圖4-3　周哈里窗可以幫助我們認清自我，幫助個人成長。

- 開放區：你自己知道、別人也知道的資訊。例如你的家庭情況、姓名、部分經歷和愛好等。
- 盲目區：你自己不知道、別人卻可能知道的盲點。例如性格上的弱點或者壞習慣，你的某些處事方式，別人對你的一些感受等。
- 隱藏區：自己知道、別人卻可能不知道的祕密。例如你的某些經歷、希望、心願、祕密及好惡等。在有效溝通中，適度的打開隱藏區，是增加溝通成功率的一條捷徑。
- 未知區：你自己和別人都不知道的資訊。例如你未來的發展潛能。

研究顯示，**如果一個人想要贏得尊重，首先得建立信任；想要建立信任，就得盡可能的擴大自己的公開象限，也就是擴大你的開放區和隱藏區。當你擴大的象限越大，別人對你的所知越多，就越能夠信任你。**

我們在上一小節提到了如何擴大你的社交圈子，連結到比你更優秀的人。但你好不容易加上的好友，可能只是對方一萬名好友當中微不足道的一個。

在這個資訊爆炸的時代，酒香也怕巷子深，不發聲等於不發生，我們不僅要有實力，還要學會展示價值。AARRR模型第二步啟動，就是把兩個原本沒有任何交集的人，透過朋友圈這扇櫥窗，經常提醒別人「我是一個什麼樣的人」、「我喜歡什麼」，幫你吸引到一些潛在隱形的優質好友。

如何打造一個高品質的朋友圈

如果你把自己當作品牌來經營，打造朋友圈最重要的目的，就是樹立專業的個人品牌，讓別人對你產生信任，認可你的高價值和專業能力，進而願意主動和你產生進一步連結。一個高品質的朋友圈，別人看到的不是一堆無序的訊息，而是透過他的日常動態，就能像拼圖一樣，還原這個人的履歷，感知到背後是一個有著什麼樣特質的活生生的人。

如何打造一個高品質的朋友圈，有兩個關鍵步驟：第一，提前設置好頭像等關鍵「觸點」，給對方留下基本的印象；第二，持續發布日常動態，和好友產生互動，透過相互篩選、啟動、強化，成為彼此的貴人。

◈提前設置關鍵「觸點」

聽過一個企業管理者分享過一個小故事。他們公司新來了一個年輕的同事，負責公司的圖書銷售工作，這位同事將自己的微信名取了一個暱稱，叫做「壞蛋」。後來，他硬是逼著這位新來的同事，把微信名字給改了。

這個小故事雖然有點打趣之意，但仔細一想，不無道理。無論是線下真實見面，還是線上加微信好友認識，你給別人的第一印象都非常重要，基本占別人對你總體評價的七〇％。你的微信關鍵「觸點」，相當於你的門面，是新加好友對你的第一印象。一旦第一印象塑造不好，之後想再扭轉會十分困難。

這些「觸點」，就是別人接觸你時，最先感知到的幾個維度：暱稱、頭像和個性簽名都需要提前進行「門面裝飾」。

暱稱就相當於你的名字。有很多朋友都不重視這一點，暱稱取得非常隨意，要麼叫「不瘦〇公斤，不改名」，要麼就是各種生僻字，還有人三天兩頭就換暱稱。

這些都是不利於社交場合的，正確的取法是可以用你現實生活中的名字，或者取一個你經常使用的網路名稱，比如我在全網名稱，也是我的筆名，就設置為「胃竇Elaine」。大家只要輸入這個名稱，全網都可以找到與我相關的資訊。

一個好的暱稱，就相當於一家公司的名稱，最好就是識別度高的名字或標籤。一旦確定以後，不要輕易改變，否則別人想找你都找不到。

而頭像是別人看到你的微信最直觀的第一印象。我在朋友圈裡經常看到不少人的頭像，要麼是各式各樣的卡通人物圖，要麼就是某個明星照，還有各種風景照等。

人是視覺動物，換位思考一下，如果別人加你為好友，你們之前完全不認識。聊天時，看著對方的頭像，你的腦子就是它頭像上阿貓、阿狗的圖案，根本無法想像對方的真實狀態，無形中只會拉開你們的距離。建議最好是設置成自己「全臉真實頭像」，能夠讓別人清晰的看到你的狀態，增加信任感。有時候，一個簡單的頭像改變，無形中將會為你的人際關係增值，帶來巨大的效應。

至於個性簽名，最能讓人了解你所從事的領域、你的權威，以及你能為對方帶來什麼樣的價值。但大部分人都主動放棄了這塊免費廣告陣地的展示，要麼不寫，要麼寫一些不知所云的句子。

正確的做法是，如果你在自己相關領域做出成績，就可以寫你在這個行業的權威，展示你的高價值，比如，某某名校的老師，某個領域的大咖，有什麼代表作品或成績。暫時還沒有做出較大的成績，那就寫你是做什麼的，比如寫作者、文案達人。如果你實在想要低調一下，就寫一句名言，最好能代表你的專業和價值。

頭像和簽名之類的元素，後期如果你有更合適的內容，也可以進行低頻改動。關注這些元素的目的，就是讓陌生人加了你之後，就算之前沒有接觸過，也能大致知道你的背景、性格和取得的成績，考慮是不是要和你做朋友、做什麼類型的朋友。

◈樹立個人品牌，打造高品質朋友圈動態

想要在朋友圈裡打造出個人品牌，你就不能今天有感觸就發N條，明天沒想法就一條都不發，應該要用打造產品的運營思維來打造朋友圈：

第一，展示高價值。你朋友圈最應該有一種狀態就是：我很好，且有用。「我很好」，結交大咖的前提，首先是你要有價值，你可以透過參加活動，認識大咖的照片，向外界展示你的正面形象，讓別人願意主動和你產生進一步交往的想法。

同時也要凸顯自己有用的一面，也要善於給自己貼標籤，打造成某一個領域的「小專家」人設，經常分享你對該領域的思考，那麼當別人有相關需求時，他就會第一個想到你。比如我的個人品牌定位是成長作家，日常就會在朋友圈分享我對於個人成長的一些思考和感悟。很多人看到我的分享，都會主動留言評論，甚至主動私訊告訴我，他們也遇到哪些類似的問題，諮詢具體的解決方案。

第二，做「負面作業」。想要人設能打動別人，一個訣竅是做負面作業。主動暴露你的缺點、你的憎恨，告訴別人你的失敗經歷，你怕什麼、你不能忍受什麼。比如網路名人羅永浩，所有人都知道他是做錘子手機失敗才去做直播還債，但不妨礙「錘子粉」對這個中年男人的支持，因為他的人設足夠真實，反而會讓別人更支持他。

我也會在朋友圈裡做負面作業，大到大齡未婚，天天面臨爸媽催婚，小到路痴，沒有方向感。但我的朋友回饋，正是這些生活小細節，和他們類似的一些經歷，讓他們覺得我很真實，更願意和我產生連結。

不過要強調一點，這裡的做負面作業，並不是要你在朋友圈裡發洩負能量，而是一些無傷大雅，不會和你前面展示的高價值內容產生衝突的資訊。

第三，設置固定欄目。在對方心裡植入心錨，給對方一個固定的印象，以及固定的預期。

我的朋友圈經過兩年的探索，會設置一些固定欄目，比如早起打卡，已經影響幾十位朋友養成早起打卡的習慣；每天睡前分享一句話，如果我某一天超過十二點還沒發，就會有人私訊我：「沒看到妳發這一句話，我就沒辦法睡覺」。

發朋友圈的這個習慣，我至今已經堅持兩年多了，每天更新三至五則狀態，能幫助我增加吸引新朋友和維護微信好友的黏著性。

現在微信的使用人數，已經突破十億，平均占據我們二五%的個人時間。除了日常的私訊聊天，朋友圈已然成為你一張「行走的名片」，展示你的個人形象，也是讓別人決定是否要深度連結，互為好友的一個視窗。

可能有些朋友會說：「這不是要我們在朋友圈裡『裝』人設嗎？」微信創辦人張小龍說，**溝通的本質就是人們把自己的人設強加給別人的過程，而發朋友圈就是把自己的人設透過朋友圈這種形式，塞到朋友腦子裡的過程**。**真正的人設，一定是裝不出來，也藏不住的**。朋友圈是一個長期積累的表達場合，你去硬裝人設，裝得了一時，裝不了一世，極度的坦誠，才能無堅不摧。

周哈里窗理論，當你擴大你的開放區和隱藏區，反向也會讓別人知道你的盲目區。你不妨把所謂的朋友圈人設當作是理解自己、覺察自我的一種回饋工具，問問自己：我為什麼渴望讓別人看到這樣的自己？找到這些問題的答案，就可以幫助我們更加理解自己。我們終其一生，都在運營一款叫做自己的產品，而朋友圈就是幫助我們傳播這款產品的展示窗口。

刻意成長指南

1. 「周哈里窗」理論：

- 開放區：你自己知道、別人也知道的資訊。
- 盲目區：自己不知道、別人卻可能知道的盲點。
- 隱藏區：自己知道、別人卻可能不知道的祕密。
- 未知區：你自己和別人都不知道的資訊。

2. 打造一個高品質朋友圈的兩個關鍵步驟：

- 提前設置暱稱、頭像、個性簽名等關鍵「觸點」，給別人留下基本印象。
- 透過展示高價值、做「負面作業」、設置固定專欄等持續發布日常動態。

03 想讓別人信任你，麥肯錫公式能幫你

只有真誠對待每一次見面的人，才會被認真對待。

你有過這種經歷嗎？有一天微信突然收到陌生好友發來的消息，「好久不見，你能幫我一個忙嗎……」。

每次遇到這種消息，我都會感到很無奈，我們的聊天紀錄幾乎是空白，我沒有見過你，對你也是一無所知，我們的關係頂多只能算是萍水相逢的點頭之交，試問我為什麼要幫你呢？即便只是舉手之勞。

「交淺莫言深」，人際關係有一條重要原則——**人際關係是由心理距離較遠的一方決定的**。打個比方，你把對方當成知心好友，但對方可能只是把你當成點頭之交或者普通好友，這段關係就是由對方主導。換句話說，你們只是停留在弱關係。

AARR模型的第三步就是留存，經過前期的獲取和啟動，你們透過見面或深度溝通，經受住了彼此三觀的考驗，把弱關係變強，才有機會進入下一節核心社交人際關係網絡。

想讓別人信任你？麥肯錫信任公式能幫你

想要經受住留存的考驗，關鍵在於信任。這裡先提到麥肯錫一個非常著名的信任公式：**信任**（trust）＝**可靠性**（reliability）×**資質能力**（capability）×**親近程度**（intimacy）÷**自我取向**（self centered）。這個公式包含以下四個關鍵要素：

◈可靠性

簡單來講，就是你做事情的可靠程度，它和事情的大小、複雜程度無關，最為簡單的就是，你們約了某個確定的見面時間，你能否準時赴約。事雖小，卻最能體現一個人的可靠程度。它意味著你說的事情，我能不能信；你答應的東西，能不能完成。

一個人的人品講究的是持久性和可靠性，靠不靠譜，就看這三件事：凡事有交代，件件有著落，事事有回音。很多人在生活當中並不注意這些小細節，但往往越是一些微小的細節，越直接決定對方是否信任你。

◈資質能力

我們可以把資質和能力當作兩部分看待：

第一部分：資質是外在的，即有做某事的資格，比如你是一名律師，那肯定要有律師執業證書。

第二部分：能力是內在的，包括你的專業能力和通用能力。對方選擇和你合作，目的是產生結果。你只有具備一定的能力，才能直接帶來結果，或者幫助別人產生結果。

當能力和資質匹配的時候，別人更容易對你產生信任。

◈ 親近程度

親近程度就是你和對方的親近程度，簡單說就是你們熟不熟？有多熟？你和對方越不熟，就越難贏得信任。人們都偏向信任自己比較了解的人，這是人之常情。如果你和對方越不熟悉，就越難贏得信任。

如果你特別想和一個人成為好友，建議主動製造至少與對方見三次面的機會。一個人對另一個人的印象與見面的次數成正比，需要短時間內多次曝光，增加你的積極形象，讓對方記住你、選擇你、信任你。

◈ 自我取向

「自我取向」是一個分母，與信任程度成反比，也就是說，一個人是否值得信任，就看他做事是否經常以自我為中心，他做事的出發點是自私的，還是利他的。

建立良好持久的人際關係，擴展自己的人際關係，首先要改變以「自我」為中心的思維方式。不要再想「他能為我做什麼」，而要想「我能為他做什麼」；不要再想「我能得到什麼」，而是想「怎麼才能讓彼此獲益」。

一個人越不以自我為中心，越容易贏得他人的信任。而那些心裡沒有別人，說話、做事處處以自我為中心的人，很難贏得他人的信任。

當你在與人交往過程中，透過言行舉止展現出以上四個要素時，就可以更好的贏得他人的信任。也只有當你們信任度越來越高，才能產生更進一步的合作關係。

線上聊百次，不如線下見一面

線下見面最重要的一個目的，就是給對方留下一個好印象，建立基礎的信任。它直接決定你們的關係能否從「認識你、記住你」走到「認同你」。

比如，我剛滬漂時，連一個朋友都不認識，後來透過在朋友圈打造個人品牌，慢慢被大家所認知，從最開始自己主動向外結識別人，變成現在越來越多人主動想來認識我，開啟社交滾雪球效應。這時，我一般會先翻看一下對方的朋友圈，對對方有一個基本的判斷，再欣然赴約，簡單的一個下午茶，或晚餐就能讓雙方關係立馬增進。

作家西蒙．波娃（Simone de Beauvoir）說過一句話：「我渴望見你一面，但我清楚的知道，唯有你也想見我的時候，我們的見面才有意義。」人際關係結交也是一樣的道理。

第一次見面，雙方其實都處在相互篩選的過程，你在篩選對方是否能納入你的人際關係圈，對方可能也在篩選你。只有雙方都經受住這一環節的考驗，你們的關係才有更進一步發展的可能性。

◈ 見面前

這個世界是有心人的世界。如果你想和對方保持更好的談話並建立關係，就請提前做一些功課。工作的緣故，我會把採訪技巧也應用到與人溝通交流。正式見面之前先提前大致瀏覽對方的朋友圈或其他社交平臺，了解對方工作、生活、興趣等基礎訊息，初步羅列十個問題。這些問題，在聊天的過程中，不一定全部都能用得上，但提前做好功課，你至少能對他有基本了解，知道溝通時話題的側重點。

◈ 見面時

商業心理學有一個五五三八七法則：決定別人對你的第一印象五五％取決於視覺，三八％取決於聽覺，七％取決於內容。即決定一個人的第一印象五五％體現在外表、穿著、打扮；三八％的肢體語言及語氣；談話內容只占七％。

所以，如果你想要給別人留下良好的第一印象，就不要忘記基本的社交禮儀。比如，符合場合的正式著裝。人和人見面的第一印象很重要，在你還沒有開口說話前，你的整體形象已經先入為主的給對方留下第一印象。

我甚至有一個習慣，見面的第一個動作就是把手機設成靜音，倒扣在桌面上，不讓無關緊要的事情打擾談話。兩個人有機會約到線下溝通是非常難得的，準時、遲到要提前通知、將手機調成靜音模式等細節，都會給你們見面的第一印象加分。

此外，根據研究，兩個人見面，人們往往更容易記住你給他們留下的感受，而不在於你說了什麼。一個能讓你想起來就感覺輕鬆、有能量、能自然開玩笑的人，通常會給人留下正面的心情。但總無視你的講話，不重視你存在的人，則會讓你想起他就忍不住皺眉頭。

在很多時候，我們能聽到別人在說話，但又聽不出別人在說什麼。傾聽是表達的關鍵，耐心認真傾聽，才能從對方說的話中根據情緒分析出他的動機，抓到資訊的重點。

想要有效溝通，從「三F傾聽」模型開始，聽懂對方三個方面的資訊——事實（Fact）、感情（Feeling）、意圖（Focus）：

- 傾聽事實（Fact），釐清楚對方說的事實；而不是自己的判斷。對方講述時，先不根據自己的想法或固定觀念評判對方，只傾聽原本的客觀事實。
- 傾聽感受（Feeling），要抓住對方的感受或者情緒。在傾聽事實的同時，你可以透過肢體語言、語音、語調感知對方的情感，看穿與觸及對方潛藏的無聲資訊。
- 傾聽意圖（Focus），聚焦對方的意圖。對方講述時，把握對方真實的想法，真正的意圖是什麼。有些人不善於表達自己的想法，說出來的話跟真正的意圖可能會有很大的差異。

在每一次溝通中，你只有抓住上述三個「F」的關鍵，再根據你聽到的內容，把見面前提前準備的問題，漫不經心的向對方拋出，了解對方真實的興趣、需要，及關心的事物，了解自己在哪些方面有可能幫到對方。

由於採訪的習慣，我還會習慣性的拿出小本子，隨時記錄，除了可以預防遺漏以外，也會讓對方對你非常滿意，因為做筆記意味著你願意傾聽，這是尊重的表現。

在聊天的過程中，你也可以使用採訪時經常會使用到的三種拓展話題的技巧：

- 理智型探究：怎麼會呢？在聊天過程中，為了了解對方所做的選擇或者行為背後的原因，你可以經常適當的多問一句話：「怎麼會呢？」記住，盡量避免使用「為什麼」，這會有一種逼迫的感覺，好像必須為其回答做出解釋，會讓對方心裡覺得不太舒服。為了避免這種逼迫性，你可以在對方回答之前，提出自己的理解，例如，「怎麼會呢？是因為什麼嗎？」
- 擴展型探究：您能詳述一下嗎？有時候，遇到對方可能只是一些輕描淡寫的話，你一定要能積極的捕捉到當中的敏感資訊，追問一句：「您能詳述一下嗎？」、「方便再跟我分享一些其他的資訊嗎？」這句話能讓對方知道你對他講述的事情是感興趣的，自然也會讓人感到舒服。這種方法能讓你積極傾聽，了解到對方真實的興趣、需求，及關心的事物，更能了解自己在哪些方面有可能幫助到對方。這些機會都蘊含在談話當中，能為將來增強雙方聯繫提供有力的資訊支撐。

- 澄清型探究：我這樣理解對嗎？第三種提問，你可以重複或者總結你聽到的話，再詢問對方自己的理解是否正確：「我這樣理解對嗎？」

這種提問，要求你需要有很強的總結能力，並且能集中精力聆聽對方的話。交流時，一定要謹記，如果你談到的某話題，對方根本不感興趣，就立刻換個新話題，直到你們能再次順暢的交流。你得到的回答越充滿活力，你就越有可能繼續探究對方，與其建立聯繫。初次見面，聊天內容對錯並不重要，情緒愉悅和雙方認同，這才是最有共鳴的聊天。

◈見面後

「溝通是一場無限遊戲」，見面結束，並不代表你們的交流就此結束。接下來，你有兩個關鍵動作，必須在二十四小時內完成，才能給對方留下好印象。

第一，感謝對方的時間。私訊感謝他抽出時間來和你交談，分享談話過程中，你最受啟發的一個點，請他和你保持聯繫。

第二，提供談話過程中涉及的一些對他有價值的東西，可以是某條連結，某個他可以聯繫的人或者某則資訊。也可以發出希望下次具體什麼時間見面的邀約。

第三，社交滾雪球。你的每一次見面，都可以產生社交的「滾雪球效應」。和朋友見面，我基本上都會拍一張合照，然後發在朋友圈，並「@見面的朋友」提醒他們，描述本次見面的收穫，再次感謝對方的時間，這既是對此次見面的完美結束，也會放大價值，讓更多人主動想來連結你。

初次見面，相當於初期留存，對一段長久關係的影響其實微乎其微，但它也決定了你們彼此是否願意繼續交往，還是只是見過一面之後就「沉睡」。這個階段的本質其實還是啟動階段的延伸，其核心就是讓對方能感受到彼此處於「啊哈」時刻。只有真誠對待每一次見面的人，才會被認真對待。

這世上多的是萍水相逢，泛泛之交，而在這浮華萬千的世界裡，信任讓兩個原本不相關的人，碰撞出很多火花，是何其不易。

一旦跨過留存初期，就進入留存中後期，這時，能彼此留住對方的就是利益合作或情感交流。也只有經過時間的篩選，發現雙方的目標和三觀一致，才能進入下一階段。

中國有一句古話：欣賞一個人，始於顏值，敬於才華，合於性格，久於善良，終於人品，大概說的就是人際「留存」的這個道理吧。

刻意成長指南

1. 麥肯錫信任公式：信任＝可靠性×資質能力×親近程度÷自我取向。
- 可靠性：就是你做事情的靠譜程度，和事情的大小複雜程度無關。
- 資質能力：可以分為兩個部分看待，第一部分是資質，也就是你的經驗和頭銜的總稱；第二部分是能力。能力也可以大致分為兩類：一類是專業能力；另一類是職場通用能力。
- 親近程度：就是你和你要取得信任對象的親近程度。
- 自我取向：這是一個分母，與信任程度成反比，說白了就是別太把自己當回事。

2. 五五三八七法則：加州大學（University of California，簡稱UCLA）艾伯特・麥拉賓（Albert Mehrabian）於一九七一年所做的研究揭露，人與人之間溝通的結論：有五五％的因素來自視覺的身體語言（儀態、姿勢、表情）；有三八％的因素來自談話時的聲音面（語氣、聲調、速度）；有七％的因素來自實際說出來的說話內容（遣詞用字）。

3. 三F傾聽模型：
- 傾聽事實（Fact）：不用自己的想法和固有觀念對對方的話進行評判，客觀的接受對方談話中的資訊，努力把握對方話語中的客觀事實，不帶偏見的看問題。

- 傾聽感情（Feeling）：在傾聽事實的同時，透過語音、語調乃至肢體語言感知對方的感情。
- 傾聽意圖（Focus）：把握對方真實想要的是什麼，真正的意圖是什麼。有些人不擅於表達自己，說出來的話跟真正的意圖會有很大的差異。

04 人際關係斷捨離，劃出一五五黃金朋友圈

你的人際關係網絡，就是你主動選擇和構建的世界。

假如有一天，你急需要用一筆錢，你能找到幾個無條件信任你，願意借錢給你的朋友呢？

在一次培訓課我們接到一個挑戰任務，就是在一個小時內眾籌到一筆錢。當我把這個挑戰任務發到朋友圈，立即得到好幾個朋友無條件的轉帳支持，這讓我非常感動。

不知從何時起，我們LINE上的好友越來越多，但即使都被加滿了，貌似好友無數。可一遇到事情需要幫助，翻遍好友名單，卻發現幾乎找不到一個可以幫助你的人。

大部分人都有結識人際關係的意識和管道，但缺乏經營維護的方法和技巧，這恰好也是沒有建立起有效人際關係的原因。正如我一直強調的「二八法則」，二〇%的弱關係會帶給你八〇%的價值，人際關係的品質遠比數量更為重要。AARR模型的最後兩步是轉化和推薦，前面幾個步驟的重要目的，就是要從海量的人群中篩選、過濾出志同道合、彼此支持、相互賦能的朋友。

畢竟一個人的精力和時間有限，想要經營和維護好這些關鍵朋友，你不僅得學會對人際關係進行分層級管理，還要使用情感銀行盤活（按：採取措施，使資產、資金等恢復運作，產生效益）手上的人際關係資源。

管理通訊錄，劃出一五五黃金朋友圈

你所選擇朋友的類型，最終決定了你會成為誰。你的社交網路，就是你主動選擇和構建的世界。

在社交上，有一個經典理論叫鄧巴數（Dunbar's number），即人類智力允許擁有穩定社交網絡的人數是一百四十八人，四捨五入到十位是一百五十人。不管你是在人煙稀少的山村，還是在上海這種有兩千多萬人口的大都市，上限人數僅僅是一百五十人，精確交往、深入追蹤交往的人數為二十人左右。

按照鄧巴理論，美國著名人際專家朱蒂·羅賓奈（Judy Robinett）在《如何成為超級人脈高手》（*How to Be a Power Connector*）一書裡提出五＋五十＋一百的一五五黃金人際關係圈管理方法，將朋友分為命友、密友、好友三類，被廣泛使用。

◈ 命友：五個、頂級關係、生死與共的朋友

商業哲學家吉米隆（Jim Rohn）說過一句話：「**你是什麼人，取決於你最常接觸的**

五個人的平均值。」

所謂的「命友」，就是對你生命很重要，彼此可以兩肋插刀、生死與共的朋友。他們是你的鑽石人際關係，即便你遇上再大的困難，對方都會無條件的全力支持你。你可以在深夜裡向他們電話求助，也不怕在他們面前暴露自己的脆弱和缺點，你們會為對方的進步和優秀而感到驕傲。

他可以是你的親人，也可以是閨密或好哥們，你們可以說是彼此最堅強的後盾。在他們身上的投入，你不期待事業回報，而是情感回報。你現在就可以想想，在目前的人生當中有這樣的命友存在嗎？他們是誰，你們的交情是否能經得起考驗？

命友是我們不可取代的財富，需要你時常維護關係，每兩、三天有事沒事都要聯繫一下，彼此分享內心的祕密。

◈密友：關鍵關係，五十人

密友，是你的黃金人際關係，包括你親密的朋友或客戶朋友。這五十人裡，有強烈吸引你的地方，比如你們的性格相似、你們有共同的目標、你認可對方的專業能力，最重要一點就是對方也認同和喜歡你。

這五十個黃金人際關係就是整張人際關係網的重要節點，對於他們，你需要主動創造機會，經常跟他們相互交流、資訊傳遞、互相影響。和他們的溝通、碰撞，會在無形中影響並塑造我們。同時，你還要觀察對方需要什麼樣的資源，主動為對方創造價值，互相傳遞價值，盤活整個人際關係圈。

你們每週至少要有一次互動，朋友圈按讚評論，就是一種最輕柔體貼的陪伴。製造線下見面的機會，尋求更大的合作空間，將弱關係變強。

◈好友：重要關係，一百人

好友，是你的白銀人際關係。好友，就是你們目前的關係還不夠親密，你希望未來更加的了解他們，也讓他們有機會了解你。

對於他們，你可以每個月做一些像臉書按讚、私訊等互動，遇到對方生日、重大節日、與對方相關的重大事件發生時，一定要主動送上祝福，產生進一步的互動。

當然，這一百五十五個人的位置並不是一成不變的，隨著時間的推移，哪些人值得進入五十人名單，哪些人是可以替換掉的，你隨時可以考察更新。

LINE為目前主要的社交工具，你可以直接在通訊軟體上完成分類。比如，你可以直接在通訊錄設置命友、密友、好友三個標籤，再把你的好友做一次大整理，分門別類添加到標籤。設置完標籤以後，你要重點了解對方的個人情況，比如他是從事什麼行業的，有哪些核心技能。其次，要考慮你跟對方的交際內容，你和對方的關係目前停留在什麼階段。

例如，我手上當前有三個微信號，上萬名好友，為了更好的記住每個好友的一些資訊。每添加一個好友，我會在「描述」一欄，把對方的資料，像職業、地區等重點資訊記錄進去。之後隨著了解的加深，隨時進行更新。

一五五黃金人際關係管理，透過前端漏斗式篩選，嚴格把控每一個進入一五五黃金人際關係圈的核心朋友，然後再花時間和精力，重點經營和維護，就能起到事半功倍的效果。

持續產生互動，縮短心理距離

曾經我對很多關係都很有自信，覺得只要心裡惦記，就算不聯繫，對方也會知道。現在我會覺得，無論是愛情、親情或友情，都是不聯繫就沒有了，不經營就散掉了。所有的關係，都需要你費心經營。

心理學有一個理念，叫做「情感銀行」。每一段關係中都有一個情感帳戶，這就好比銀行存款一樣。比如，你今天和一個朋友合作共贏，即是往情感銀行中存錢。明天你損害了他的利益，就是從情感銀行中取出錢（見下頁圖4-4）。

人際關係能否產生複利效應，就看你是每天往情感銀行裡存錢，還是不停從中取錢。簡單來說，一個天天麻煩別人的人，和一個天天能給別人帶來幫助的人，給朋友留下的形象肯定不一樣。

兩個人的關係，主要是由心理距離較遠的一方決定。維護關係要有抓手（按：指著力點、著力處），沒有抓手的關係維護起來不容易，勉強的關係很無趣。這個抓手就是找到兩人之間的共同利益點，給對方賦能，還要有耐心，為他持續增加價值。你需要透過一些抓手，創造一些機會，拉近彼此的心理距離。以下講述幾點具體方法。

◈請對方幫自己一個小忙

有研究顯示，請對方幫自己一個小忙，是增進兩人關係可靠的途徑。請別人幫忙最重要的一點是，不要認為對方幫你是理所當然的。在別人幫你後，要及時表達謝意，被別人拒絕，也要諒解對方。

我曾經在微信的視頻號裡發過一則徵婚廣告，微信視頻號透過六度人際關係的演算法規則傳播，就是如果你朋友圈裡的人按讚，在他的朋友圈裡就會顯示你的這條動態。

當時為了讓這條動態能被更多人看到，我找到密友標籤裡的人，主動請他們幫我按個

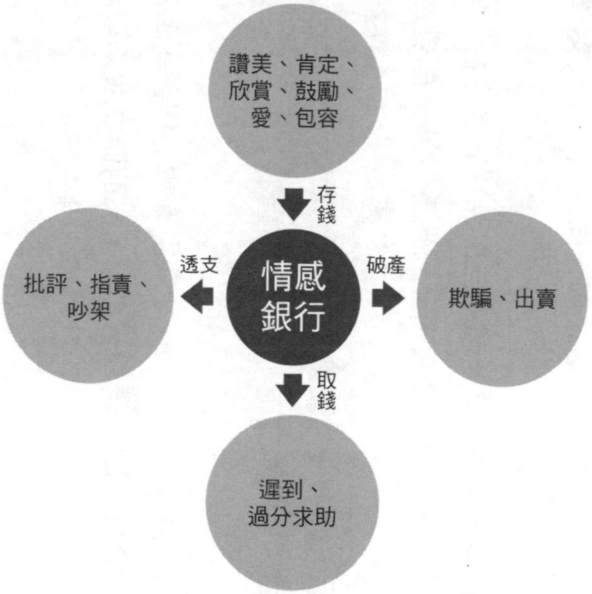

▲圖4-4　人際關係能否產生複利效應，就看你是每天往裡面存錢，還是不停從中取錢。

讚。當然，其中也有人拒絕了我，但大部分人都是積極回應，還有幾位大咖老師主動幫我推薦了幾個脫單群。

但一定要記住，這種幫忙一定不要超出對方的能力範圍，不要給對方造成困擾。我的新書在準備邀請大咖幫我推薦時，我一定會自己先寫好幾個範本。想請對方幫我引薦時，提前寫好自我介紹和訴求，讓對方直接轉過去即可。

這種請別人幫你一個小忙，看似在取錢，但只要注意邊界，尊重別人的時間和價值，其實也是在往你們的情感銀行中存錢，製造共同的話題。

◈主動幫對方的忙

主動幫對方的忙，是往你的情感銀行中存錢。我以前在採訪一位大咖老師時，他當時有提到對我前公司的會員卡很感興趣，隨口提到是否有一些優惠折扣。我當時就把這一點記下來，會後聯繫以前公司的同事，拿到了一些優惠券，再寄給對方。一來二去，對方對我也就有了一些印象，成功加到了他的微信，日常也就有了更多互動的機會。

主動幫別人的忙，把它當成一種習慣，你會發現做一個手心向下的人，遠比做一個手心向上的人更富有。

真正的人際關係不是你利用了多少人，而是你幫助了多少人；不是多少人在面前吹捧你，而是多少人在背後稱讚你；不是你和多少人打交道，而是有多少人願意主動和你打交道。

◈成為人際網路的樞紐節點

如果把人際關係比喻成一張大網，每個人都是網絡連接中的節點，兩個人的關係就是節點中的連接線。但有些節點，就真的只是一個節點；而有些節點，就是能把不同的節點連接在一起，成為「樞紐節點」。

比如，我在上海認識一個朋友，是做游泳服務的，人際關係非常廣闊。往往我有一個需求，他就能介紹某一位朋友給我，迅速幫我解決問題。跟他多打幾次交道之後，我發現他就是非常典型的人際網絡節點，為人熱心，經常願意給朋友介紹朋友。一來二去，被引薦的雙方都會對他很感激，彼此就成為不錯的朋友。

現在的我，依靠這一整套的人際關係運營方式，積累下了各行各業的朋友，現在也經常幫助上下游的朋友對接需求和合作，久而久之也成為人際網絡樞紐節點。

如果你想要獲取良好的人際關係，除了向他人傳遞你的價值之外，也可以向他人傳遞他人的價值，做人際關係的中轉站。

心理學家亞當．格蘭特（Adam M. Grant）說：「生活中結識正確的人肯定會對你有幫助，但是他們會多麼努力的支持你，為你冒多大風險，這都要取決於你所能提供的東西。」真正強大的人際關係，不是指你們認識了多久，喝過多少次酒，吃過多少頓飯，而是你對他有多大的價值。你的價值越大，他就越會幫助你。同理，他對你的價值越高，你也越會為他事事上心。

選擇和誰做朋友，與誰共事，進入怎樣的圈層，很大程度上決定了你下半輩子的路怎麼走。努力提升自我價值的同時，構建一個你喜歡和選擇的世界，你才能活成自己想要的樣子。

刻意成長指南

1. 鄧巴數：英國人類學家羅賓・鄧巴（Robin Dunbar）提出，人的大腦皮質大小有限，大腦皮質的認知功能只能同時維繫和一百五十個人正常的交流。
2. 一五五黃金人際關係圈：美國人際專家朱蒂・羅賓奈在《如何成為超級人脈高手》裡提出五十五十一百的一五五黃金朋友圈管理方法，被廣泛使用。
- 命友：五個，他們是你最親密、有過生命之交的人，他們是你可以在深夜裡向他們電話求助的人，是你在他們面前展示自己的脆弱也不怕的人，在他們身上的投入，你不期待事業上的回報，而是情感上的回報。
- 密友：五十人，親密的朋友或客戶朋友，他們具有你欣賞的智慧、能力、資源，你們的交流可以促進互相成長，你努力尋找機會為他們創造價值。
- 好友：一百人，你希望更加了解他們，也讓他們有更多機會了解你，持續考察是否進入黃金人際關係五十人。

3. 密友五次元理論：由美國傑出的商業哲學家吉米隆提出，指與你親密交往的五個朋友，你的財富和智慧就是他們的平均值。
4. 情感銀行：如果把人與人之間的關係比作一個「情感銀行帳戶」，「存款」＝積極的語言和行動，如讚美、鼓勵、信任、愛；「取款」＝消極的語言和行動，如責備、批評、否定、抱怨；「餘額」＝你跟他人的溝通程度，解決問題的能力。

05 想遇見貴人，先成為別人的貴人

當你不夠強大時，想要遇到一個貴人，可能都很難。當你足夠優秀時，就會到遇到更多更優秀的人，擋都擋不住。

身邊的朋友經常會說：「真羨慕妳，一路上有那麼多人幫妳。」我也常說，自己有遇貴人體質，這一路走來，在人生遇到重要抉擇時，總有貴人出現，對我的人生起到關鍵的指引作用。

不過這裡的貴人，不同於前面提到的大咖牛人的定義。在我看來，真正的貴人，並不是直接給你帶來利益的人，而是開拓你的眼界，糾正你的格局，給你正能量的人。他們可能是在你跌倒的時候，拉了你一把的人；可能是在你迷茫時，給你指引方向的人；也可能是全世界都認為你是一個失敗者，只有他相信你行的人……他們甚至從來沒有想過，你未來會給他們什麼樣的回報，只是單純的想把你送到彼岸，讓你有機會成為更好的自己。比如，我的寫作之路遇到的第一位貴人——《中國青年報》資深記者陳強。那一年，我才上大學，恰好作為校園社團學生記者，在學校的一次創業成果展示會上，一臉青澀的我結識了前來採訪的陳強記者。

結果，陳老師在和我短暫交流過後，問我是否有興趣加入福建高校傳媒聯盟（注：高校傳媒聯盟：《中青報》與中國六十三所重點高校共同發起成立的校園媒體聯誼組織）？就這樣，身為一個和新聞八竿子打不著的醫學生，我意外的闖入了這個世界。

後來，在老師的指導下，我加入了福建校媒，在《中青報》上發表過數篇文章後，順利通過考核，成為福建記者站的實習生。同時借助校媒的平臺，也讓我有機會走出原本的小世界，去到北京、貴州、江西等多地採訪。我一直很感謝陳強老師當年的知遇之恩，是他把我帶進新聞這條路，讓我原本迷茫的文字之路重新插上夢想的翅膀；包括他一直奉行的新聞信條——激情、勇氣、良知，都對我的整個人生起到至關重要的作用。

人最大的運氣，是某一天能遇到一個貴人打破你原有的思維，帶你走向更高的平臺，遇見不一樣的風景。有人甚至稱這種貴人是你生命的「贊助商」，在你還沒有資格參加高層會議時，就為你說話、支持你，願意把寶貴的時間和資本花在你的身上。他們可遇而不可求，如果你有機會遇到，一定要牢牢的抓住，懂得感恩和珍惜。

你生命中所發生的一切，都是你吸引來的

如果你問我，如何才能擁有「貴人體質」？說實話，我也說不出具體原因，只能結合相關的理論和過往十年的經歷來剖析。

作家朗達．拜恩（Rhonda Byrne）在著作《祕密》（*The Secret*）說：「當一個人的思想集中在某一領域時，跟這個領域相關的人、事、物就會被他吸引而來。」也就是說，你生命中所發生的一切，都是你吸引來的。只要你先堅信一件事、渴望這件事，你才能實現它。

這話聽起來好像很玄學，但只要你平時多留意，就會發現這就是真的。如果你每天都想著怎樣才能賺到錢，你的行動就會跟隨上思想，變得積極向上。

人與人的吸引也是同樣的道理，當你想要獲得某一樣東西時，你就想像自己已經擁有它的畫面，越具體越好，這就相當於在向宇宙發出強大的頻率，吸引力法則會捕捉到你這個有力的信號，進而把你心中所想的一模一樣的畫面傳送給你。

我在寫作路上的第二個貴人，是我考研究所失利滬漂那段時間遇到的。那是我人生最迷茫的時期，我知道自己想走文字這條路，但不知道該怎樣走，能走成什麼樣子，只能頭也不回的往前走。

就是在這種情況下，我透過海投履歷，結識了後來直接找我進網際網路公司的前主管張海林。坦白說，那時候的我，除了具備一點寫作底子，發表過一些點閱率還不錯的文章以外，其實連「文案」兩個字具體的含義都不懂，可以說完全是一個網際網路小白。但她直言說，就是看到我身上具備一股倔強的勁兒，很像當年初入職場的她，所以願意給我機會和時間去成長。

兩年裡，她不但給我很多文字方面的指導，還經常私底下傳授我很多職場經驗和小技巧：「沒有永恆的職場，想要更好的發展，你必須提升自己的能力。」、「不管是否要跳槽，至少半年要出去面試一次，才能知道自己的能力是否欠缺。」我無法想像，如果當年沒有遇見她，今天的自己會是什麼樣子。

同類相吸，你想要什麼，就能得到什麼，你生命中所發生的一切，都是你吸引來的，這就是吸引力法則。這個法則決定了宇宙完整的秩序，決定了你生命中遇見的人，以及生活中所經歷的每一件事。

想遇到貴人，必先讓自己成為貴人

當然，可能很多人也有疑問：那我想要認識張忠謀，實現賺一億的目標，怎麼做夢祈禱也沒用呢？

對此，我不得不說，吸引力法則和做白日夢還是有一定差別的。遇見貴人一定程度上是偶然也是必然，它是你生活中的一面鏡子。你自己是貴人，生活這面鏡子就能幫你找到更多的貴人。就像吸引力法則的神奇之處在於，當你的頻率和你想要之物的頻率產生共振時，你就會迫不及待的想要去做，與你想要得到的事物相關的事情。

但在你的頻率和你想要實現的事物的頻率還沒有產生共振之前，你所做的只是增加了讓願望變成現實的機率。歸根結柢，在於你是什麼樣的人，你做過什麼樣的事，願望越強烈，就越能讓宇宙感受到你對這件事的渴望程度，從而把它送到你的面前。

在網際網路的ＡＡＲＲＲ模型中，最重要的就是產品要經得起市場的檢驗。人際關係的ＡＡＲＲＲ模型，最核心的在於你這個人足夠可靠，經得住他人和時間的檢驗。

那麼身為普通人，我們應該如何增加吸引力法則的機率？據我個人多年的觀察，總結觀察到的三個特點：第一，做積極主動的人；第二，成為優秀可靠的人；第三，遇見貴人最好的方式，是自己先成為貴人。

◈做一個積極主動的人

在《與成功有約》一書中，史蒂芬．柯維博士就把「積極主動」這個習慣放在第一位。它不僅僅指行事的態度，還意味著你要對自己的人生負責。你要相信你的現狀是你過去的行為所導致的，而你現在的行為，將會直接決定著你未來的境遇。

我記得第一次考研究所失敗，對於我二十幾歲的人生，算是一個非常大的挫折，以至於當時的我整個人陷入極端負面的狀態，經常會忍不住跟身邊的朋友抱怨：「太衰了，就差一點點。」久而久之，身邊的朋友產生了反感，漸漸疏遠了我。要知道，沒有人喜歡靠近負面的人，你的負面情緒會直接把你吸引貴人的磁場擱在門外。

第二年，同樣是遭遇了第二次考研究所落榜，只是經過一年的磨煉，我的內心也逐漸強大起來，成績出來的當天下午就選擇積極面對——投履歷找工作。也是這種積極主動的態度，讓我遇到很多人生中重要的貴人。

此後，無論遇到再大、再難的事，我都能笑嘻嘻的去面對，平常在朋友圈裡，都會早起打卡、生活感悟、睡前分享金句，進而影響身邊的朋友和讀者，以積極樂觀的心態去面對生活。我們常說：「愛笑的人運氣不會太差。」積極主動的人總是更受歡迎。

◈成為優秀靠譜的人

想要吸引到貴人，做一個積極主動的人還不夠，你還得努力變得足夠優秀、足夠強大。不信的話，我問你一個問題：「你在生活中，曾經幫助過什麼樣的人？」答案無非就是以下兩種人：

第一種，極其可憐、有困難但潛在價值很低的人；比如，當你在網路上「衝浪」（按：指在網際網路上獲取各種資訊，進行工作、娛樂）時，看到過不少類似「水滴籌」（按：中國一家醫療資金眾籌平臺）之類的求助資訊，有時候，你可能也會非常好心的捐款十元、一百元。這就是我們所說的第一種幫助。

第二種，暫時有困難，但潛在價值很高的人。比如，你身邊的朋友，暫時遇到一些困難，你覺得對方值得幫助，就會願意在力所能及的範圍內幫他一把。

這兩種幫助都出現了一個所謂「貴人」的角色，但第一種幫助是靠別人的「施捨」，而第二種幫助是別人看到你身上的價值，願意投資你。「得到」App 專欄作者李笑來曾總結遇見貴人的十二個原則，其中就多次提到，**優秀的人，值得尊重的人更容易獲得幫助；活在未來的人更容易遇到貴人，因為別人能在他的身上看到未來。**

記住，這個世界上，除了你的父母，沒有人有義務一定要幫助你、對你好。你的貴人願意幫助你，一定是看到你身上未來的價值和潛能。你要做的不是理所當然的接受，而是要努力讓自己足夠優秀，才配得上別人對你的投資。

當你不夠強大時，想要遇到一個貴人，可能很難。當你足夠優秀時，就會遇到更多更優秀的人，擋都擋不住。

◈遇見貴人最好的方式，是先成為貴人

最後一點，想要遇見貴人最好的方式，就是先成為別人的貴人。這句話的底層邏輯其實是：你是索取思維，還是付出思維？你身邊是不是也有一些朋友，他們會不斷的從你那裡索取價值，要你幫忙做這做那，卻從來不給你提供任何價值？你也談不上對他們的討厭或喜歡，但就是覺得心裡怪不舒服的，有什麼事自然也不會主動想到他們。

在這個社會裡，沒有人願意免費提供價值給人，除非你先提供價值給別人。其實，我在滬漂之前，也從來沒有意識到這一點，經常會把別人的付出當成理所當然。直到我某一次不經意的幫了一個朋友，竟然獲得很多意想不到的收穫。於是，我就開始轉變思維，成為主動付出的那一個。

比如，在經過滬漂初期的蛻變，我擺脫原來那個沒自信的小女生心理以後，就開始在社交平臺輸出我的思想和觀點，當時有不少讀者紛紛留言述說他們成長的困擾。為了幫大家解答成長問題，我發起過「百人助夢」計畫——免費幫助身邊一百個朋友和讀者做一對一的成長諮詢。

後來，來諮詢的朋友越來越多，精力有限，我就思考著能否根據自己一路走來的迷茫和探索，總結出一套可複製的成長經驗，幫助更多年輕人找到思維的突破口。這才有了你現在手上看到的這本書。

就像我很喜歡熊浩老師在《奇葩說》裡的「微光理論」，你想讓這個世界變得更好，唯一的方法就是盡量發光，不是因為相信這個光可以照亮一切，只是因為黑暗裡的一點點光，在遠處會特別耀眼，其他的光會看到你這束光，微光會吸引微光，微光會照亮微光，我們互相找到，然後一起發光，才能把陰霾照亮。

「給永遠比拿好」，**當你成為發光的那個人、主動付出的那個人，最後收穫最多的一定是你自己，而且會遠遠超出你的預期**。很多時候，我們都希望能得到貴人的幫助，貴人就像我們人生路上的順風車，有他們載上一程，我們到達目的地就會快很多。

可是，「千里馬常有，而伯樂不常有」。與其等待別人成為自己的貴人，倒不如你透過自己的努力，先成為別人的貴人。由此，我們開始拋出的那個問題，相信很多人這時已經有了答案。

其實，宇宙吸引力法則的存在，使我們在人生的每個節點或轉角處，都會遇到幫你紓解或指引的人，他們是我們人生中不可多得的貴人。我們要帶著感恩的心走好自己的路，以此作為報答貴人的方式，並努力成為別人的貴人。

不過要永遠記住，一路走來，**最好的貴人，永遠是那個不斷在成長的自己。如果你不努力、不成長，遇到再多的貴人也沒用，別人想拉你一把，都不知道你的手在哪裡。**

刻意成長指南

1. 吸引力法則：你是一塊「磁鐵」，只要按照以下三個步驟，你將吸引你所需要的任何東西來到你身邊：
   - 要求：對世界下命令，讓世界知道你想要什麼。世界就會回應你的思想。
   - 相信：相信「它」已經是你的了。要有「不動搖的信心」。在要求的那一刻，你所想要的就已經是你的，你必須有全然的自信和絕對的信心。
   - 接受：想像若是你想要的事物已經到來，將會是什麼樣的感覺，就用同樣的感受來感覺它。
2. 增加吸引力法則的三個特點：
   - 做個積極主動的人。
   - 成為優秀靠譜的人。
   - 遇見貴人最好的方法，是先成為貴人。

第五章

認知影響選擇，選擇改變命運

查爾斯·狄更斯（Charles Dickens）說：「這是最好的時代，也是最壞的時代；這是智慧的時代，也是愚蠢的時代。」

這個時代，給予年輕人很多機會，也讓他們面臨各種挑戰。因此，一個人的命運，不僅要考慮個人奮鬥，也要考慮人生階段、歷史進程、社會發展。

人和人最大的差別在於認知的差別。你對自我的認知、對世界的認知，決定了你的思維，思維決定了行動，行動決定了結果。

01 所謂的成長，就是認知升級

人生的分野，就是在一個個做決定的路口。認知拉開的差距體現在你的財富上，也會呈現在你的眼神裡。

從小到大，我們就被父母教育「知識改變命運」，可當看到研究所畢業的姊夫和姊姊，想要在老家二線城市買一間房，可能需要背負上二十年，甚至三十年的房貸。我就對這句話打上個大大的「問號」，知識能讓我們的命運不至於落於人後，但如果你想要往上走，就會發現靠單一的技能賺錢，頂多只能滿足基本的溫飽問題。

這個時代，謀生的方式各式各樣，但歸根結柢無非就是以下四種：

- 體力和技能的轉化，普通大眾都靠雙手吃飯。一旦不工作，就意味著沒有收入。
- 知識和學歷的轉化，大部分普通員工都是這種模式。這種模式缺乏核心競爭力，也是最容易被取代掉，「你不做，有的是人做」。
- 能力的轉化，大部分企業的員工，能力差距是線性的，當一個人端正態度，能力就會有所提升。而且這種轉化，不過是你月薪兩萬元，他月薪一萬元的差距。

- 認知的轉化，這才是真正拉開人和人之間距離的轉化模式。

如果說知識是地基，認知就是帶你理解時間的指南針。不同的認知，產生不一樣的行為，從而帶來完全不一樣結果，再加上時間的複利作用，差距就會自然產生。舉個簡單的例子，二〇一二年公眾號崛起，二〇一八年影音串流快速發展，但凡你抓住其中的某一個，人生都能發生巨大的改變，但同樣面對這個機遇，有多少人能抓得住？

這個時代的努力，早已不是拚體力，甚至連學歷和能力都沒有多大的作用。人生的分野，就是在一個個做決定的路口。認知拉開的差距體現在你的財富上，也會呈現在你的眼神裡。

你的認知高度，決定你所看到的世界

心理學上有一個理論叫鄧寧－克魯格效應（Dunning-Kruger effect），它將一個人的認知狀態分為四個層級（見左頁圖 5-1）。

第一個層級（①），不知道自己不知道，絕大多數人都處在這個區間。就像《井底之蛙》故事裡的那隻青蛙，堅持認為天空只有井口那麼大，哪怕有人告訴牠天空很大，牠也不相信，或者不願意努力去追求更大的天空，只想懶洋洋的躺在舒適的井底。

第二個層級（②），知道自己不知道，有一部分人突然意識到外面的天空很大，自信心崩潰，陷入絕望之谷。

第三個層級（③），知道自己知道，極少部分人在經歷第二層級的絕望之後，不斷擴大井口，走上開悟之路，具備足夠的知識和一定的視野，對井外的世界（世界的規律、人際的邏輯、人生的邏輯）有了一個較清晰的認知，對自己也有了更清晰的定位，並且非常清楚自己想要的是什麼。他們也因此能取得讓前兩種層級

▲圖5-1　鄧寧–克魯格效應，是一種認知偏差，指能力欠缺的人有一種虛幻的自我優越感，錯誤的認為自己比真實情況更加優秀。

人羨慕的成就。

第四個層級（④），「不知道自己知道」的狀態，只有少之又少的人才能達到超然的境界，他們能始終保持空杯心態，是認知的最高境界。

我們的一生，都在為自己的認知買單，認知層次不同，所站的高度也不同，看到的世界自然不一樣。就像左圖：最左邊的那個人沒讀過書，認知匱乏，他只能看到表面世界虛假的美好與生機。中間那個人讀過一些書，見過一些世面，看到美好背後還有黑暗和消極的一面，反而陷入無限的痛苦和迷茫。

▲圖5-2　認知層次不同，所站的高度也不同，看到的世界自然不一樣。

第三個人學識淵博，認知不斷升級，達到知道自己知道，或不知道自己知道的境界，明白這世界不是非黑即白，從黑暗和迷茫中窺見希望。

你可以重新審視自我，判斷你自己當前處在什麼位置。其實我們每個人所看到的一切都被一口井局限，這口井由你從小到大所處的環境、教育、閱歷等決定。

我們在走進社會之前的成長，絕大多數依賴的是學校教育。教育給我們帶來的是知識，甚至可以是智力上的開發，但這僅僅屬於認知的一小部分。

真正的認知，需要一個人經歷許多真真切切的事件。這些事件，經過時間的發酵和積累，構成了一個人的基本認知。

認知的本質就是做決定

有一句話是這麼說的：「**你所賺的每一分錢，都是你對這個世界認知的轉化，你所虧的每一分錢，都是因為對這個世界的認知有缺陷。**」

如果說知識是對過去經驗的總結，那麼認知就是對未來做預判。每個人看世界時，都戴著一副叫做「認知」的洞察力眼鏡，從而做出不同的選擇。如軟體開發公司獵豹創辦人傅盛總結的，**認知的本質就是做決定**。

當遇到相同或相似的場景時，人們總習慣用以往的經驗來做出判斷。當你的認知水準很低時，腦海中的構念就會趨向單一，缺乏彈性，因而決策也很狹窄。如果你的認知水準較高，腦海中的構念更多元化，決策就會更靈活。

也正是因為認知的差距，導致兩個人在面對同樣一個機會時，會做出截然不同的選擇，這才是真正拉開差距的轉捩點。從某種程度上來說，認知升級遠比累積知識重要。

舉一個身邊典型的例子，面對二〇一二年公眾號的出現，我服務過原來東家「十點讀書」創辦人林少，在創業之前只是一家飛機修理廠的設計師，長期以來對網路的研究和認知，讓他一下子看到了公眾號的紅利，從零做到三千萬的用戶規模，實現了財富和人生的巨大翻轉。

所謂時勢造英雄，實乃至理名言。當年能看到這樣的機會並且抓得住的人，大都實現了人生的躍遷。

三十歲之前，我們第一要緊的事就是，盡快建立起自己在某個行業內的核心能力，它將會是我們安身立命之本。三十歲之後，當我們擁有了一、兩項足以安身立命的核心技能之後，就要透過認知找到機會，成為抓住時代紅利的幸運兒。

所謂的成長，就是認知升級

美國心理學家喬治·凱利（George Alexander Kelly）曾經提出過「個人建構論」（Personal construct theory）的觀點，它是指一個人的認知，是由過去的見識、經歷、思維、期望、評價等形成的觀念。

人的大腦就像是一個CPU，必須有大量的資訊輸入，足夠的思考頻率，才能擁有更全面的認知，從而做出正確的預判和決定。

從大學開始這十年，我一直身體力行的在踐行著，**讀萬卷書不如行萬里路，行萬里路不如閱人無數**。正是這些認知輸入模式，才促使我做出了一個個現在看起來還算正確的人生決定。

◈ 讀萬卷書

所謂的讀萬卷書，不僅僅要做到精讀專業方面和行業內的書籍，重要的是泛讀。閱讀並不為了增加「資料」，而是為了使後臺的作業系統升級。在閱讀時，你的作業系統是被迫升級的一個狀態。當你閱讀到足夠多的數量的書，你就會發現大腦裡的思維程式能相互進行連線處理。

至今，我依然很感謝自己在大學期間做了三件事：一是在圖書館享受閱讀時光，二是當了一名學生記者，三是自力更生賺取學費和生活費。

我們學校的圖書館很大，有一百多萬冊的藏書，而且都是免費的。當時除了上課和兼職的時間，我幾乎有時間就是在圖書館度過，經常被圖書館老師調侃：「妳該不會是把圖書館當成家了吧？」

那時候太年輕也不懂，幾乎沒有太多的挑選，上至專業的醫學法律書籍，下至各種歷史人文書刊、報紙雜誌，反正感興趣就讀。也正是那些年閱讀過的那一本本書，讓我積澱下了扎實的文字功底，鍛煉出獨立的思辨能力。

工作後接觸知識付費領域，我緊跟時代的腳步，把單純的紙本閱讀，轉為各種影片、音訊的學習，小到九．九元的微課（Microlecture），多到幾萬元的課程服務，只要我認為這個課程能解決我當前的困境，就會毫不猶豫的為認知買單。正是這些年的積累，現在面對同樣的事情，我會比別人擁有更多的視角去判斷，更快的反應去決策。奧美廣告公司有一則廣告詞是這麼寫的：

我害怕閱讀的人，他們能避免我要經歷的失敗。
我害怕閱讀的人，他們懂得生命太短，人總是聰明得太遲。
我害怕閱讀的人，他們的一小時，就是我的一生。
我害怕閱讀的人，尤其是還在閱讀的人。

我相信，保持終身學習，後臺資料不斷增加，認知不斷迭代的人，永遠是最有競爭力的人。

◈行萬里路

編劇宋方金老師曾經寫過一首小詩：

親愛的，我要怎樣向你形容和描述我歷歷在目的那場鵝毛大雪？我的困難在於：

一、你從未見過大雪。

二、你也未曾見過鵝毛。

說來你可能不信，身為農村長大的孩子，上大學之前，都沒有出過市。直到高考後，才有機會到省會城市讀大學。

大二那年，我透過報名《中青報》的一個活動，第一次坐三十個小時的火車出省到貴州做調查研究。之後，透過去參加北京國際車展，到江西贛州走訪等活動，我有幸到過很多地方，認識全國各地的優秀大學生。此後，我就愛上了行走，透過兼職、存錢、做義工、窮遊等方式，足跡遍布了半個中國。

人都是自我保護型生物，當你對未知世界認知不夠，天然的恐懼就會束縛你的選擇。我一直在想，如果不是大學期間，有機會走過那麼多地方，眼界被打開了，我應該只會專注於眼下的一畝三分地，沒有勇氣裸辭去滬漂。

一個人的行動，都是他過往的閱歷一點點積攢起來的勇氣，它會像一顆種子的發芽，除了最後撒下的那一份肥料起作用之外，最重要的是要感謝之前所有的灌溉。

畢業工作後，總算有了一些積蓄，我又把眼光放到更大的世界。據足跡紀錄，至今我的足跡已經遍布全球十一個國家，七十二座城市。尤其是當我到上海的第一年，獨自去往歐洲，當時就想看看書裡說的法國有多浪漫、德國有多嚴謹、瑞士有多美麗，究竟是不是真的？

當我真實的置身於歐洲這片土地，在這裡停留，才能深刻感受到「國外的月亮並不比國內圓」，在巴黎見過逃地鐵票的普通人民，也經歷過同行者在義大利被吉卜賽人搶錢包的遭遇。這時，你對世界的認知就會發生翻天覆地的變化，你的世界觀也會在這個過程逐漸形成，就像作家韓寒在《後期無期》中說的：**「你連世界都沒有觀過，哪來的世界觀」**。

世界是一本真實的書，不能行萬里路的人只能看到封面。只有你出去走一走，看過不同的風景，見識過不一樣的人文，你的世界觀才會逐漸形成。**眼界影響你的世界觀，而世界觀決定你的認知和選擇**。大部分像我們這樣普通家庭出來的孩子，往往樂於研究各種方法論，卻忽略了提升我們世界觀的格局。

我認識一個上海姊姊，每年都會帶孩子到世界各地去旅行。有一次，為了鼓勵孩子練鋼琴，她告訴孩子：「你好好學琴，明年我們去音樂之都維也納。」

孩子還太小，非常天真，完全不知道那裡是很多學了一輩子音樂的人，夢寐以求的地方。結果，第二天他就興高采烈的告訴音樂老師：「老師，我媽媽說明年要帶我去維也納，您要不要一起去呢？」

這大概也是人們差距越來越大的原因吧，**普通人是困在了認知的天花板裡**。

在這裡，並不是鼓吹你要花多少錢毫無目的地去旅行，培養眼界。「一元有一元的活法，一百元錢有一百元的活法」，不管是大學時代的窮遊，還是畢業後去歐洲旅行，除了必要的旅費，我連一樣奢侈品都捨不得買給自己。我堅定的認為，**決定一個人認知的，不是機遇，而是見過天地之後的視野和格局**。

三十歲之前，你能走多遠，很大機率決定了你的一生能走多遠。這短短的一生，我們最終都會逝去，不妨大膽一些，在能力範圍內盡量的走出去，不管你的足跡所到的地方是周邊的城市，還是北上廣深（按：北京、上海、廣州、深圳），或者是更大的世界。也只有在不斷的行走過程中，去認識世界，反過來才能更好的認識自己，知道自己一生的奮鬥，究竟是為了什麼。

◈和高人連線

一個人的認知和思維，在很大程度上是由所處的環境和圈子決定的。在同一個環境和圈子裡面久了，你的認知就會被固化，被環境同化，會被原有的認知局限了觀念。只有不斷和高手連線，你才能掌握打破認知盲區的主動權。

我大學時就意識到，一個人能走多遠，取決於與誰同行。只有和優秀的人在一起，才會變得更加優秀。這也是最快的成長方式。因此，當身邊的同學都還把所有精力放在學業上時，我就找各種實踐的機會，和各行各業的人交流。

滬漂之後，我有一部分工作內容是做人物採訪，從而有機會接觸到很多平時只能在電視、書本上看到的大咖。可以說我的認知是在一次次採訪過程中，被他們直接「拉高」，有一種大徹大悟人生真諦的感覺。

之後，每當遇到自己不能解決的關卡時，比如反覆情緒低潮，或者某個方面自己很久都想不通，搞不定時，我就會選擇主動找那些已經活成我想要成為那樣子的人，或者我認為對方在某方面很厲害，能夠幫到我的人求助。

「三人行，必有我師焉」。你經歷過的很多人生低潮別人都經歷過，你想了很久都想不通的關卡，別人可能一眼就知道你處在什麼困局，學會和高手聊天，你會收穫看待成長、世界的不同視角和智慧。

電影《全面啟動》（*Inception*）裡有一句話，**你只有終結一種認知，植入一種新的認知，你所在的世界才能立即發生變化——這個變化從物理意義上看不出來，但你的世界已經煥然一新了。**

人與人之間的底層認知差距，從來都不是一、兩天拉開的，是你所生活的環境，接觸到的事物、人物，看過的書，走過的路，日積月累逐漸拉開的。你只有改變環境，包括生活環境、人際圈子，才能掌握打破認知盲區的主動權。

所以，勇敢一點，人生是一場絢麗的突圍，你必須進行一次次認知升級，才能在成長這條路上去成為你想成為的人。

刻意成長指南

1. 鄧寧－克魯格效應：是指能力欠缺的人，在自己欠考慮的決定基礎上，得出錯誤結論，但是無法正確認識到自身的不足，辨別錯誤行為，是一種認知偏差現象。這些能力欠缺者們沉浸在自我營造的虛幻優勢之中，常常高估自己的能力水準，也無法客觀評價他人的能力。
2. 認知升級的方法：
   - 讀萬卷書。
   - 行萬里路。
   - 與高手連線。

02 沒錢、沒背景、沒資源，如何彎道超車

沒有人能靠追逐平庸的機會，實現命運的翻盤。

英國廣播公司（British Broadcasting Corporation，簡稱BBC）電視臺曾歷時五十六年拍攝了一部紀錄片《人生七年》（*Seven Up*，影片片段見QR Code），記錄十四個孩子的人生軌跡。

這些孩子出生在完全不同的家庭環境，他們有的來自菁英家庭，有的來自中產家庭，也有的來自普通家庭甚至是孤兒院。導演邁可・艾普特（Michael David Apted）的初衷，是透過每隔七年的回顧，試圖去回答一個問題：「一個人出身的環境，能不能決定你的未來？」

結果，除了一位名叫尼克的幸運兒，透過讀書，實現從鄉村小子到牛津大學（University of Oxford）教授的轉變，成為唯一打破壁壘的特例，大多數孩子的人生軌跡，幾乎沒有超越原生家庭。

來自菁英家庭的孩子，家族給的眼界、格局，讓他們對自己有著清晰的規畫，從貴

▲圖5-3 《人生七年》片段。

族學校畢業並進入牛津、劍橋大學（University of Cambridge），成為社會菁英，過著優渥的生活。

中產家庭的孩子有些也進入了一流的大學，但畢業後多從事公益性，或者教師的職業，延續著他們父輩簡單、安靜的平凡生活。

來自普通家庭的那些孩子，對未來沒什麼打算，夢想就是不挨餓。他們大都早早輟學進入社會，經歷早婚、多子、失業等命運。並且他們下一代的境況也跟他們差不多。

這個時代，沒錢、沒背景、沒資源的「三無」年輕人，還有命運翻轉的機會嗎？要如何才能實現彎道超車呢？

選擇大於努力，你要借助「點線面體」的崛起

普通人如何改變命運？簡單概括就是，天時、地利、人和，三者缺一不可。首先，「天時、地利」是一個人想通往成功之路必備的機遇和環境，你生活在什麼年代、什麼國家，就是你最大的命運。

那麼，為什麼在同一個時代、同一個國家，有人命好，有人命不好呢？因為有人把握住時代的機會，有人沒有。梁寧在一個產品課程中提到過一個故事：

一對雙胞胎在二〇一〇年一起大學畢業，一個加入騰訊；另一個進入報社。七年之後，去騰訊的那位已經是年薪百萬元，而且滿街都是挖他的獵頭。就連投資人也在挖

他，只要出來創業就給錢。去報社的那個，隨著紙媒（按：以紙張為載體的媒體）的沒落，他曾經寄託理想的整個產業都沒有了，一切都需要重來。

為什麼智力、能力和努力程度都差不多的兩個人，僅因為畢業後不同的職業選擇，整個人生就發生了翻天覆地的變化？

這個例子真的讓我深有感觸，因為它確實就發生在我身邊：我大學曾在傳統媒體實習過，當時認識一個非常優秀的學長，他在畢業後選擇從事傳統新聞行業。當然，他也做得非常優秀，業內取得很不錯的成績。但工作幾年後，因為傳統媒體普遍不景氣，他出乎所有人意料的轉行了。

而我當初選擇滬漂，意外的進入網際網路行業，從事了正在欣欣向榮的行動物聯網工作。回顧這幾年的成長，之所以能取得還不錯的成績，除了個人單點的努力之外，更為重要的是趕上了所在公司的飛速發展，及行業的快速崛起。

這就是曾任阿里巴巴參謀長的曾鳴說的「點線面體」的選擇，所帶來的不同結果。所謂的「點」，是指你自己，你是在一直成長，還是止步不前？所謂的「線」，是指小經濟體的發展，也就是你所選擇公司的發展狀況。而一家公司的發展又離不開他所附著的行業，「面」代表了行業的趨勢。

即便你個體「單點」再努力，在你所在的公司做得再好，如果整個行業處於下沉趨勢，也只會像是坐在鐵達尼號上的頭等艙，在風浪面前，只會不斷的沉沒。

最後的「體」代表的是時代的大趨勢，比如5G時代的來臨，大數據、物聯網和人工智慧等技術將取代很多原本的傳統行業。

沒有人能靠追逐平庸的機會，實現命運的翻盤。

我也終於明白，為什麼大多數像我父母那樣的普通人，作為一個勤奮的人，勤勞的做了一輩子，最後也只能勉強在溫飽線上。

富人則借助「面」和「體」的崛起實現自身發展，比如一九八〇年代下海，一九九〇年代炒股，二〇〇〇年前後買房，迅速實現財富的積累。

尤其是梁寧當時有一句話讓我恍然大悟：「悲催的人生，就是在一個常態的面上，做一個勤奮的點。更悲催的人生，就是在一個看上去常態的面上，做一個勤奮的點，你每天都在想著未來，但其實這個面正在下沉。最悲催的人生，就是在一個看上去常態的面上，做一個勤奮的點，其實這個面附著的經濟體正在下沉。」

很多人以為在工地上搬磚、在工廠做流水線、在公司熬夜加班、住在很糟糕的出租屋裡就是在吃苦。這的確是在吃苦，可這是最低級的苦。低級的苦，能帶給你的回報也極其有限。不信，你可以看一下凌晨四點就開始掃街的清潔員、在建築工地裡辛苦幹活的工人，還有馬不停蹄、四處奔走的快遞員，哪一個不比你勤奮，不比你努力呢？我的父母也都是普通的農民出身，身為村裡面有名的「勞動模範」，他們比任何人都要努力，每天早出晚歸，就是為了多賺一點兒錢，讓我們有學可上。

只是當有機會接觸到更大的世界，我在心底告訴自己：絕對不要複製我父母那一輩的辛苦，**可以辛苦，但不能沒有價值、沒有結果。**

變動中抓住翻身的關鍵機會

那麼，普通人該如何抓住時代紅利，改變自己的人生呢？暢銷書作家古典曾得出一個結論：如果你研究過《富比士》（*Forbes*）「全球億萬富翁」排行榜上的華人富豪生涯案例，你會發現他們有三個共同點。首先，他們足夠努力、勤奮；其次，他們在二十六歲至三十五歲開始創業，這個時間段，正好是社會積累足夠，家庭負擔又還不太重的時期；最重要的是，他們都遇到並抓住了一個空前的時代上升機遇，從而最大化的放大了自己的努力和天賦。

沒有個人的成功，只有時代的勝利。沒有一個人僅憑個人天賦、努力，就能獲得巨大的成功；想要獲得躍遷式的上升，你就必須抓住時代的紅利，放大個體的努力。

在滬漂的這三、四年裡，我親眼見證過太多普通人如何抓住時代的紅利，迅速的放大個體的力量。比如，我曾服務過的前東家「喜馬拉雅」（按：一款有聲書音頻服務平臺）上有一位知名主播叫「有聲的紫襟」，他原本是一位大學都沒能順利畢業的九〇後，因為發現自己聲音的優勢，轉型成為一名網路的播音員，不到六年的時間，就坐擁平臺一千五百萬的粉絲，月入百萬，還入選了二〇一九年富比士中國名人榜三十歲以下菁英榜。

我曾結識過一位旅行博主「房琪 kiki」，一九九三年出生的她，放棄了央視外景主持的工作，用兩年的時間，透過影片收穫「一千萬＋」粉絲，賺到人生的第一桶金。甚至還有一些極端的例子，主播「幻櫻空」十四歲輟學，開了八年挖土機，卻用了一年不到時間，成功轉變，實現收入和粉絲雙雙破百萬。

當然，也只因為我剛好從事網際網路工作，所看到在這個行業裡，像你我這樣普通的年輕人，即便出身普通，起點不夠好，只要他們聰明的勤奮，抓住時代的趨勢，就能科學的改變自己的命運。

借用財經專家吳曉波老師的四個字：水大魚大。魚的一生的成長有賴於自我奮鬥，同時也要考慮水流的變化，才能成為一條因水而大的魚。

相較於歷史上的其他時刻，這個時代給了我們很多的機會，讓我們可以盡情的去追逐自己的夢想，任何人都有機會成為那個想成為的人，關鍵就看你是否抓得住機遇。

這個時代，關於成功有很多種說法，我認為最真實的說法：我們只是幸運的站在時代的電梯裡，靠著努力按到向上的按鈕。

欲多則心散，專注必成事

雷軍有一句話被很多人瘋傳：「站在風口上，豬都會飛起來」，但真正站在風口，能成功飛起來的「豬」，卻少之又少。

所有的熱門標的和風口，都是給那些具備「人和」綜合實力的人。比如，前面提到的知名主播「有聲的紫襟」，他在大學意識到自己聲音的天賦，就發了瘋的開始聽前輩演播的作品，下了課就奔向校外的出租屋錄音，甚至為了播音而放棄所學的專業課程，以至於最後只拿到一張肄業證書。

即便多年的努力，小有名氣以後，他日常生活就是待在幾十坪的家裡，錄音、吃飯、睡覺、挑選故事，每天為了完成三個小時的故事，需要嗓子連續工作六個小時以上，一年三百六十五天，一做就是七年的時間，從沒有因為個人的原因，停更、斷更過任何一個故事。

旅行博主「房琪 kiki」，在兩年的影片拍攝生涯中，去了一百八十八座城市，最誇張的是一天去了四個城市，硬碟裡儲存了十個ＴＢ以上的素材，遭遇過沙塵暴、迷路、嚴重缺氧等，真正踐行了她的人生格言「我叫房琪，不放棄」。

主播「幻櫻空」，在追逐播音員的夢想之前，他白天打工，晚上練播音，每天只睡三個小時，才換來命運的改變。

我們不得不承認：**真正做成事的人，大都心懷熱愛，專注又能吃苦**。至少易地而處，我目前還遠遠做不到他們這種極致專注的程度。

很多人以為，選擇大於努力的意思是只要抓住紅利，選對了路，就可以躺著成為人生贏家。這是典型的非黑即白思維，選擇很重要，努力同樣重要。**我們不僅要活在自己的選擇題裡，還要努力的把它變成一道實踐題**。

《人生演算法》的作者老喻曾提出了一個「半徑演算法」。即在紙上畫三個同心圓，最裡面的圓對應的是「行動半徑」，中間的圓對應的是「能力半徑」，最外面的圓對應「認知半徑」。在此之外都是未知世界（見圖5-4）。

身為普通人，我們能做的就是努力擴大認知半徑，明確自己的能力半徑，同時又要縮小行動半徑。

第一，擴大認知半徑。這個世界很大，時代的發展也很快，「讀萬卷書，行萬里路，閱人無數」，我們都必須積極拓展自我的認知半徑，否則一不小心就會被高速迭代的世界拋棄。

第二，明確能力半徑。有一句話是這麼說的，「你**取勝的唯一途徑，就是知道自己擅長什麼，不擅長什麼，並堅持做你擅長的事情**」。

能力半徑，就是能力圈的概念，是一個人能力所及的領域。如第一章中講到的，你必須認識自我，專注自己的目標，找到自己的核心優勢，知道自己的能力圈有多大，然後待在裡面。

第三，縮小行動半徑。想要實現規模複製，就要做少而簡單的動作，進而在資本、人力、技術、時間、空間、文化甚至夢想層面實現大面積複製。

比如，前面提到的主播「有聲的紫襟」，他

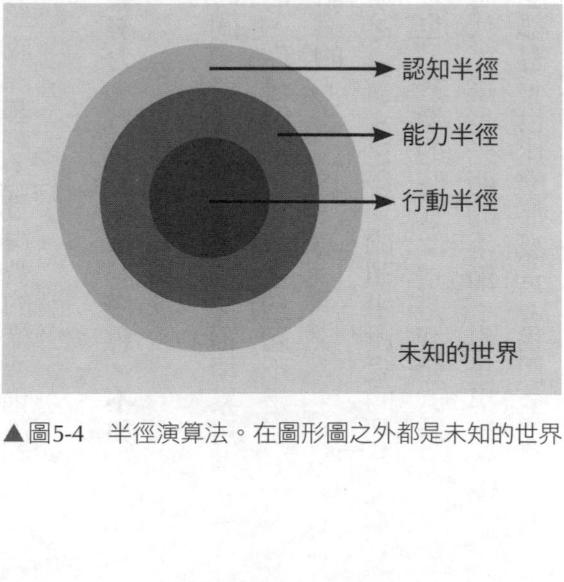

▲圖5-4　半徑演算法。在圖形圖之外都是未知的世界。

的日常生活極其簡單，每天就是選書、錄音、上傳，形成一套可大量複製的標準化流程，數年如一日，才換來平臺千萬粉絲的成績。

我非常喜歡老喻在其所著書中的一句話，**與其假裝努力，盲目追逐所有機會，不如把時間和資源花在那些不變的事物上。**

是的，與其追著風口跑，最終一事無成，不如把時間和資源專注在長期持續積累可以產生結果的事情上。這個時代正在顛覆所有人的生活，你可以抱怨它，但抱怨不是辦法，不是時代的問題，而是因為人類發展趨勢是無法阻擋的。

最後，我們不妨重溫狄更斯在《雙城記》（*A Tale of Two Cities*）開頭中所說的那段話，來總結這個大轉折的時代：「這是最好的時代，也是最壞的時代；這是智慧的時代，也是愚蠢的時代；這是篤信的時代，也是疑慮的時代；這是光明的季節，也是黑暗的季節；這是希望的春天，也是絕望的冬天；我們什麼都有，也什麼都沒有；我們全部都會上天堂，也全部都會下地獄。」

刻意成長指南

1. 點線面體模型：我們每個人是一個點，所處的公司是線，公司所處行業是面，行業分布的時代是體。當你要做選擇時，不能只看一個點，還要看這個點依附在哪條線上、哪個面上，以及附著在哪個體上？

2. 用半徑演算法找準人生定位：

- 擴大認知半徑，積極拓展自身的認知半徑，否則容易被高速迭代的世界給拋棄。
- 明確能力半徑，認知自我，知道自己的能力圈有多大，然後待在裡面。
- 縮小行動半徑，做少而簡單的工作，進而在資本、人力、技術、時間、空間、文化，甚至夢想層面實現大面積複製。

03 談錢，不現實；有錢，才養得起夢想

你的財務狀況，應該成為一個你不懼怕任何阻礙的證明。

有人說，愛上三毛，也就愛上了浪漫和流浪。三毛，是我年少時很喜歡的一位作家，我跟隨著她的文字去到了不同的國家，西班牙、摩洛哥、義大利……她為一個當年困在課桌上、自卑女孩，第一次打開了視野，原來世界很大、很美好，生活要真摯要熱愛，哪怕只是透過玻璃球，也能看見彩色的世界。

她也塑造了我最初關於女性獨立的思想，不斷的提醒著我，想愛就去愛吧，想要什麼就努力爭取吧。以至於我後來多次面臨膽怯和退縮的困境時，都是她文字裡的一股力量支撐我義無反顧、一往無前。

大概是從小就受到三毛的影響，我在上大學以後，就透過窮遊、打工換宿等各種方式，走過半個中國，一直在追逐內心的自由，做自己想做的事情，去感受生命，去感受世界。

身為文藝女青年，那時候的我，絲毫沒有任何金錢觀，錢對我的意義，就是可以過

得更好一點，進食堂可以多加個菜，去旅行可以住好一點的青年旅舍。

直到畢業第一年，拿著幾千元的薪資時，我才發現，在父母生病的時候，你要為醫療費發愁；想抽時間去學習進修，卻阮囊羞澀；想去的遠方，也因為錢而只能將就眼前的苟且。

理想很豐滿，現實卻很骨感。那是我第一次意識到，**金錢是了不起的，它意味著力量，意味著自由**。它不是紙醉金迷的工具，而是一個人在這個世界上走一遭，獲得最大量自由的基礎保證，**星辰大海都需要門票，詩和遠方的路費也都很貴**。

被譽為「歐洲巴菲特」的博多．雪佛（Bodo Schäfer）在《財務自由之路》（*The Road to Financial Freedom*）簡體中文版中說，每個人都應該實現自己的財富夢想，**你的財務狀況，應該成為一個你不怕任何阻礙的證明**。想要獲得真正的自由，你要分三個階段：財務保障、財務安全、財務自由，解決眼前的苟且，奔向心中的星辰大海。

第一個階段：財務保障

在消費主義盛行的時代，到處都在鼓吹買買買，網路上誕生了一個新的名詞，叫做「精緻窮」，專門指這一代年輕人，無論月薪幾千元還是幾萬元，窮得明明白白，活得精緻閃亮——收入不高，但特別愛買ＬＶ；還沒畢業，大牌化妝品就從不離手；剛入職場，從頭到腳都是高級配備，買最新款的手機，囤最新色號的口紅。

殊不知，所謂的精緻窮，就是真正貧窮的陷阱，它跟《窮人的經濟學》（*Poor Economics*）一書中描述的那個小鎮上的人們，永遠無法富裕的故事沒有太大區別。這裡的居民沒錢少花，有錢多花，就算別人再扶貧，他們也永遠有更高的欲望需要滿足。

這就跟現在大部分「月光族」年輕人一樣，每個月賺多少花多少，不重視金錢，也不了解存錢、理財的重要性。直到有一天，你忍受不了主管，憤而離職；出現意外事故，需要躺在醫院幾個月；家裡人遇到事故，急需用錢，才發現手裡的錢根本支撐不了多久。

成年人的底氣，都是錢給的。想要實現人生突圍，你就必須學會存錢，實現第一階段的財務保障，即儘管遭遇突如其來的經濟變故，你還是能依靠積蓄繼續保障自己的生活。至於需要多少個月的財務保障，取決於你的保障需求和你的樂觀程度。

我當初之所以在畢業第一年不敢辭職，只能利用業餘時間備考研究所。第二年又敢從國營企業離職，就是期間薪資和稿費積累起一定的財務保障，這些錢足夠支撐我六個月至十二個月的生活，讓我有勇氣和資本邁出那一步，辭職在家備考。

為實現這個階段的目標，你必須降低自己的物質欲望，每個月發薪之後，就把一〇%至一五%的薪水強制儲蓄起來。千萬別小看每個月攢下來的幾百、一千元的，當你每個月的開支越少，結餘越多，越能更快的實現自己的財務保障計畫，越有底氣支持夢想走得更遠一些。

正確的金錢觀，就是**能存下錢，讓錢為你的夢想和未來的生活服務**。

第二個階段：財務安全

《小狗錢錢與我的圓夢大作戰》（*A Dog Named Money*）提到一隻金鵝的故事，假如你總是花光你的錢，那你就永遠也得不到你的鵝，你就總要為賺錢而工作，而一旦有了一隻鵝，錢就會自動為你工作了。

鵝代表你的錢，如果你存錢，儲蓄下來的錢就會得到利息，利息相當於金蛋，**財務安全就是當你積累足夠多的本金，當未來的某一天，你的利息超過你的日常支出，你就可以靠利息生活**。

三年前，為了心中的作家夢，我選擇辭職滬漂。可到了上海這座偌大的城市，才發現現實殘酷得就像一臺夢想攪碎機一樣，把有夢想的年輕人撕得破碎不堪。當生活都要費勁時，哪還有力氣談論詩和遠方。

直到一次偶然的機會，我接觸到一個現金流遊戲，遊戲根據現實中的金錢運行規律，告訴我們金錢到底怎麼流動：有錢人努力積累資產，讓資產生錢，成為金錢的主人，而普通人和中產階層只是為錢工作，好好學習、找個好工作、買個房子還房貸、再買個車子上下班，最多是有錢了再買個房子繼續還房貸，永遠都在被恐懼和貪婪的感覺操控，始終處於「老鼠賽道」。

想要跳出「老鼠賽道」，你就需要學會不斷購買資產，以創造現金流。於是，這三年裡，我努力賺錢、攢錢，總算養了一隻會生金蛋的「鵝」。現在牠產生的利息，已經可以輕鬆幫我覆蓋掉日常的生活支出。這時候，我才敢從九九六（按：指早上九點上班，晚上九點下班，每週工作六天）的工作中離職，不需要再為了生活必需，主動出售自己的時間。而是閉關在家寫作，充分開發自己真正的潛能。

現實生活裡，大多數人不去從事自己感興趣的職業，主要原因就是缺錢。這令人感到惋惜，也是一種才能的浪費，不能按照自己的意願活著，頂多只能叫做生存。

當一個人擁有金錢，就能防止金錢成為生活中太過重要的事物，獲得一種安全感和自信。金錢使你擁有自由的生活，你可以做自己感興趣的事情、做符合自己天賦的事情、做對別人有幫助的事情。**一個人也只有在做自己喜歡的事情時，才會真正感到幸福，才能開發出更大的潛能。**

正確的金錢觀，就是要懂得打理和管理好你的財務狀況，使它服務於你，而非給你帶來麻煩。

第三個階段：財務自由

財務的最高目標就是實現財務自由，你要清楚若要過上你想要的優質生活需要多少錢，從而知道如何實現你夢想的生活方式，你的金鵝必須養到多大。作者教我們要勇敢寫出夢想清單，敢於向世界下訂單。

首先，你要先列出所有的夢想清單。先不用思考這些願望是否能夠實現，只要是你想要的即可。

其次，列完夢想清單之後，在每一項後面寫上大概的置辦金額。但請記住，永遠不能動用你的「鵝」資金，而是要計算每件置辦物的月付額是多少。

當你清楚了滿足你所有願望所需的金額，就可以思考如何以最優方式投資你的金錢，以實現你的目標。比如，我有一個願望是希望三十歲之後，能去國外留學，增加人生閱歷。想要實現這個夢想，意味著我每個月至少需要有穩定的十萬元的現金流。反過來倒推，按照當前理財方式，我就知道自己需要把鵝養到多大，才能完成這個願望。

古希臘科學家阿基米德說：「給我一個支點，我就可以撬動地球。」想要實現財務自由，你就要懂得利用金融撬動人生的槓桿。

如果你認真學習過金融的相關知識，就會發現，一模一樣的原始財富，選擇了不同的理財產品，可能會完全改寫你未來的財富格局。十年前的積蓄，你選擇買騰訊或者是中國石油的股票，還是選擇買房子或者存進銀行，十年之後，你的生活會因為這些選擇變得迴然不同。

只是大多數人都在使用生命中的大部分時間在賺錢，而不是規畫一個值得擁有的人生。以終為始，站在時代和世界的視野格局上，學會使用金融槓桿，從而撬動你想要的人生。

漢斯．柯諾（Heinz Körner）在《約翰尼斯》（*Johannes*）有一句話，「每個人在其內心深處都會有這種希望——離開沼澤，生活在陽光之下。然而，對陽光以及對自由的恐懼，使得我們堅守在自己習以為常的環境中。」

離開沼澤最好的辦法，就是為你的才華和能力承擔責任，將自己的夢想付諸實現。

金錢不是萬能的，但人生的大部分困擾，大都源於金錢的匱乏或處置不當。**正確的金錢觀，從來就不是擁有金錢本身，而是用金錢可以幫你實現人生的夢想和目標。**

如果將人的一生比作一場遊戲，有人玩的是有限遊戲，目的在於贏，有明確的終點、規則和邊界；還有人玩的是無限遊戲，是對知識的追求、對智慧的渴望、對美的嚮往，對自我的覺知與探索，對他人的幫助。

我追求的人生是一場無限遊戲，希望能痛快的活一場，學會樹立正確的金錢觀，不是因為愛錢，而是喜歡的東西很貴、想去的地方很遠、喜歡的人很優秀，**我想要的人生，只有我自己給得起。**

04 與誰結婚，是你這輩子風險最大的投資

面對婚姻這個人生最重要的投資，嫁對了是妳的，娶錯了也只能是你的。

相信每個女孩十幾歲時，都有過網路電影《大話西遊》中紫霞仙子那樣的憧憬：我意中人是一位蓋世英雄，有一天他會身披金甲聖衣、駕著七彩祥雲來娶我。

大學畢業，二十幾歲，尤其是二十五歲以後，面對社會、家人的壓力，單身的人就會被結婚綁架，而逐漸放棄自己的堅持和原則，對現實做出妥協。殊不知，**婚姻是人生最大風險的投資。**

正如巴菲特所說，你人生最重要的決定，是跟什麼人結婚。在選擇伴侶這件事上，如果你做錯了，將讓你損失很多。而且這個損失，不僅僅是金錢上的。

人生最重要的不是投資，而是與誰結婚

隨著年齡的逐漸增長，越來越覺得，婚姻不僅對女性來說，相當於「二次投胎」。

對於男性也是同樣重要，「每一個成功的男人，背後都有一個偉大的女人」。

現在的年輕人對於婚姻，大都過於隨便、草率。他們寧願花上百萬元去準備一間新房，卻沒有意識到選擇一個正確的人成為下半輩子的伴侶，遠比買一個房子重要得多。**人生最重要的不是投資，而是與誰結婚**。和對的人結婚，它可能帶來美滿婚姻的幸福收益，贏的不僅是感情，還有婚後數十年的幸福與快樂。遇到錯的人，它也會帶來不幸婚姻的痛苦虧損，蹉跎半生去經歷婚姻的痛苦，更有甚者，惶惶不敢脫離失敗的婚姻。

面對婚姻這個人生最重要的投資，**嫁對了是你的，娶錯了也只能是你的**。因為那都是你的決策，**你是在用自己的一生做賭注，在做這一場投資**。投資得當，你的人生也會隨之達到高峰。一旦你投資不幸失敗，它將會讓你損失很多，而且這種損失不僅僅是金錢上的。

二十幾歲，在婚姻的選擇上，你要比選擇工作更加積極慎重。

做好婚姻投資的三個原則

婚姻，是一個很奇妙的東西，體現了世界的隨機性，它像投資學，更像是一門藝術而非科學。

所謂的「科學」，就是可控試驗可以開展，既往結果是可以被放心複製的，因果關係是可靠存在的。但婚姻沒辦法被科學計算和程序化。

基於一個人過往二、三十年的認知和經驗，想要做好人生這一筆最重要的投資，並不是一件容易的事情。借鑑投資學上的三個原則，至少能讓你做出還算不錯的決策。

如果你也做過一些類似基金之類的投資，就會發現，一些勢單力薄的散戶往往最容易被割韭菜。有專業的投資者研究其原因，看似被割韭菜的表象是缺乏耐心，實際上是缺乏實力。

◈自身有足夠實力

在投資學上的實力，是指長期穩定的低成本現金流。婚姻上的實力，就如萊拉·朗德絲（Leil Lowndes）在《如何讓你愛的人愛上你》（*How to Make Anyone Fall in Love with You*）簡體中文版一書裡，把婚姻比作是一場等價交換，即在婚戀市場上，每個人都有自己的身價。這裡身價指的不僅僅是經濟，還包括學歷、相貌、性格、人品等。

蒙格說：「如何找到一個好的配偶呢？最佳的辦法是讓自己配得上擁有一個好配偶。因為優秀的配偶可不是傻瓜。」

很多人往往因為生活的不如意、工作的不順心，於是把人生的重點寄託在另一個人身上，希望遇到一個人能拉自己一把，可當步入婚姻之後才發現，你單身時遇到的困境，絕對不是靠一紙婚約就有藥可解。

社會學家查理斯·韋斯托夫曾提過這樣一個理論：女性在經濟上越獨立，婚姻對她的受困就越小。

這也是為什麼越是大城市，有越多的女性，即便到了三十幾歲都不結婚的原因。從我身邊一些單身女性朋友來看，她們無一例外都是實現了一定程度的經濟獨立。

人在越低微時越是被動，被動到即便自己不喜歡，也還是要這樣去做，因為你別無選擇。當你不需要依靠別人，就能使生活步入正軌，並且自帶創造幸福的能力，不需要取悅和依賴別人時，那麼婚姻於你而言，是錦上添花，而不是雪中送炭。

其次，對於女性來說，最重要的是持續的情緒穩定、良性的財務狀況、可控的生活節奏、理性的消費觀念，而不是天天糾結於某個人愛不愛妳。只有這樣，妳才能擁有更多的選擇權，不需要為應付生活，迎合別人，而將就的選擇和一個人結婚。

這也是為什麼這十年來，在遇到那個對的人之前，我會選擇在學業、事業上不斷的努力，馬不停蹄的讓自己變得強大。這裡的「強」不是變得強勢，而是提升自己的學識、涵養、社交等各個方面的能力，以至於在面對問題時，能用知識和智慧去解決，而不是像怨婦一樣哭鬧、謾罵……。

一切高品質的交往都取決於交往者本身的品質，想要遇到美好的感情，取決於相遇前你們各自走過的路、讀過的書、見過的風景、思考過的人生。只有兩個人的品質越相當，越有可能走進婚姻，婚姻也才會越長久。

我始終相信，**好的婚姻和感情，不是你負責賺錢養家，我負責貌美如花。而是我們兩個人勢均力敵，你很好，但我也不差。**

◈選擇優質的投資標的

在投資學上有一個重要的原則，想要長期持有，就是要篩選出值得長期持有的優質投資標的，側重關注的是其未來發展潛力，而不只是當前的價值屬性。

一個女兒問父親：「對我無微不至的男人為什麼不能嫁？」

父親回答：「孩子，妳要明白，最佳的配偶應該是妳人生戰場上的盟友，而不是找個人滿足妳的懶惰和巨嬰。其實男人給妳倒杯熱水，半夜起床幫妳買燒烤等，這都不是稀缺能力。」

很多時候，人在戀愛時都很容易天花亂墜的跟妳描繪一個美好的未來，但一個人最終能否對妳好，還要看對方有沒有這個能力。這裡的能力，不是指是對方現在的經濟實力，那是存量，很快就會花完了。重要的是看對方是否是一支潛力股，有多少創造未來的能力。

尤其是女生，千萬別輕信「和誰結婚都一樣」的鬼話。和什麼樣的對象結婚，很大程度上已經決定妳的贏面有多大，妳能獲得多少幸福。

我們在選擇結婚對象時，其實更應該關注「真正的稀缺資源」——比如品行、三觀、上進心、經濟能力、情緒的穩定、對美的理解、價值感來源、對事業與生活的理解方式、你的家庭在他心中的重要性……。

這些東西才是一個人最稀缺的資源，因為要培養和造就這些品質，它的背後是家庭教養、讀書、求學、歷練和自我完善等各方面因素的影響，這都需要早期高成本的付出才能達成。

我很喜歡電影《怦然心動》（*Flipped*）裡一句觸動人心的臺詞：我們當中有人平凡、有人浮華於外表、有人萬丈光芒、有人一身鏽。但不經意間你會遇到一個彩虹般絢麗的人。從此以後，其他人不過是浮雲。斯人若彩虹，遇上方知有。

想要擁有幸福的婚姻，選擇跟什麼樣的人結婚和投資時選擇哪一檔股票一樣重要，你的態度越慎重，花越多時間認真了解對方，犯錯的可能性就越小，選到對的另一半的贏面就越大。

◈耐心等待合適的時機

巴菲特在投資上有一個原則「要有耐心」，就是不要頻頻換手，直到有好的投資對象才出手。如果沒有好的投資對象，那麼他寧可按兵不動。

婚姻不同於友情的通用和泛交屬性，它具有強烈的排他性，朋友可以有很多，但愛人只能有一個。如果你想要選到對的那個人，就不能草率，也不能著急，需要耐心等待時機。

記得看過這樣一句話：**一個人最驕傲的不是有多少追求者，而是能被一個人堅定的選擇，不管相處多久都不離不棄。**

我喜歡的作家楊絳和錢鍾書就是最好的例子。錢鍾書對楊絳說：「在遇見妳之前，我從未想過結婚；遇見妳之後，我從未想過別人。」然後兩人順理成章的戀愛、結婚、生子，廝守終生，笑著走過了一生，成就了中國文學史上的一段佳話。

在今天速食愛情的時代，隨便敷衍的喜歡和曖昧的人滿街都是，真正願意和妳廝守終生、相互磨合的人卻很少。

妳可以想像某一天，當妳遇見那個想要攜手走過一生的人，妳驕傲的把他帶到父母面前，指著他說：「爸，我找到了，就是這一個人，我非他不嫁」。然後幸福的轉頭跟媽媽說：「媽，我告訴過妳，我找得到吧。」那一刻，妳昂首挺胸，對未來充滿憧憬，好像贏得了全世界，想結婚不是因為年齡大了家人催促，不是對方有房、有車，條件不錯。僅僅因為那個人讓妳知道，雙向奔赴的感情有多麼美好，他會給妳這世間所有的溫柔和偏愛，妳會給對方全部的崇拜和自豪。

當然，投資上也有一個重要的原則——**做更壞的打算永遠比盲目樂觀更靠譜**。我們這一輩子大概會遇到兩千九百二十萬人，兩個人相愛的機率只有〇．〇〇〇〇四九。

在對的時間，遇上對的人，從來就不是一件容易的事情。所以，我也做好單身的準備，如果這輩子註定遇不到那個對的人，那就繼續追求學業和事業，將人生這一場無限遊戲進行到底。

婚姻並非人生必需品，愛和自由才是。

我的人生唯一不能妥協的就是和將就的人度過餘生。畢竟一輩子太長了，沒有喜歡和開心，即便最後結婚了，得到的也不過是一具名為「婚姻」的軀殼。

沒有該結婚的年齡，只有該結婚的感情。愛是本能，感情的事，急不來；婚姻的事，也勉強不來。我們都不必為年齡而結婚，不必為父母而結婚，不必為他人的眼光而結婚，也不必要被自己的焦慮擔心綁架。

最後，願我們都能遇見一個不將就的人，從此深情不被辜負；願我們的婚姻，是棋逢對手、是勢均力敵、是白首不相離；願我們一生努力，一生被愛，想要的都能擁有，得不到的都能釋懷。

刻意成長指南

做對婚姻投資的三個原則：

- 自身有足夠的實力。
- 選擇優質的投資標的。
- 耐心等待合適時機。

05 人生邏輯要大於職業邏輯

職業是以賺錢為中心，而人生是以意義和價值為中心。

一次偶然的機會，我結識了一位九〇後的金融大佬，他在一家證券投資銀行工作，底薪五十萬元，加上獎金等福利能達到百萬元。

但壓力一度大到他每天都要熬到凌晨一、兩點才能入睡，以至於年紀輕輕，他左半邊的頭頂全禿掉，還被查出了嚴重的脂肪肝。

我問他：「這是你想要的人生嗎？」

他笑笑的說：「沒辦法，職業選擇。」

職業的緣故，我平時喜歡看一些訪談的節目，會關注不同人生的選擇邏輯。經常會看到很多當紅明星說自己不敢停下來，比如有連續工作五十幾個小時不睡覺的，三十歲被檢查出五十歲的身體，卻不能停工一週去動手術；很多當紅女明星懷孕生子，卻沒等休完產假就復工。

我能理解他們的焦慮，畢竟在這個充滿競爭的行業，稍微退下來，就會有千千萬萬的人頂上去。同時我心裡也會產生疑問，這樣只有職業的人生，真的是他們想要的嗎？

我從不否認職業對一個人的重要性，但這並不代表我們這一輩子除了職業和事業以外，就沒有其他重要的事情。

如果給自己寫墓誌銘，你會寫什麼？

我們常說以終為始，站在未來，規畫今天。那麼，人生的邏輯是什麼？或許有人會說，人生是為了賺錢，賺更多的錢。但是有了錢之後做什麼？升職加薪、結婚生子、買房買車？

美國《華盛頓郵報》（*The Washington Post*）曾評選出十大人間奢侈品，竟然無一與金錢和任何物質有關：

- 生命的覺悟。
- 一顆自由、喜悅與充滿愛的心。
- 走遍天下的氣魄。
- 回歸自然，有與大自然連接的能力。
- 安穩而平和的睡眠。
- 享受真正屬於自己的空間與時間。

- 彼此深愛的靈魂伴侶。
- 任何時候都有真正懂你的人。
- 身體健康，內心富有。
- 能感染並點燃他人的希望。

職業是以賺錢為中心，而人生是以意義和價值為中心。職業並非人生的全部。一個人死前盤點自己的一生，從來沒有人是看他這一生賺了多少錢。**真正厲害的人，不是擁有豐厚的財富，而是活出不可複製的人生。**

想要知道自己的這一生是否能過得有意義，可以嘗試參考「趁早」創辦人王瀟在《五種時間》裡闡述的方法：站在未來看今天，透過「追思會策劃表」獲得未來視角。

我本來是一個什麼樣的人？我在家庭中是怎樣一個人？我在工作中是怎樣的一個人？我一生中最大的收穫是什麼？我希望自己的墓誌銘是什麼？我的悼詞希望由誰來朗讀（見下頁圖5-5）？

「以終為始」，人一旦有了終局的判斷，就會思考今天的「有所為」和「有所不為」。當你用終局判斷法與自己對話，你就會知道對你來說長期價值是什麼。

只可惜，**現實是，大部分的人都在用生命中大多數時間賺錢，而不是規畫一個值得擁有的生命。**

追思會策劃表

The Funeral Preparations

你的生平

縱覽你的人生，你希望自己的生平是如何書寫的？

______ **是一個** ______________________

____

家庭中， ______________________

____

工作中， ______________________

____

一生中， ______________________

____

獲得了 ______________________

____

我希望我的生平由 ________ 朗讀。

墓誌銘

請寫下你希望在墓碑上的墓誌銘。

____

▲圖5-5　從死亡的那一刻來重新回望自己的一生，你真正想要的是什麼？

人生最有意義的地方，就在於它沒有意義

想要收穫一個至少讓自己滿意的人生，你要對人生進行橫向和縱向維度的規畫。

◈橫向維度的人生邏輯

我們人生的最終目標並不是職業，而是實現生命中各式各樣的目標，職業目標頂多只能算是我們眾多人生目標當中重要的一個。

著名職業生涯規畫大師唐納．舒伯（Donald E.Super）創造性的描繪出一個生涯彩虹圖（Life-career rainbow），顯示了人生主要的發展階段：成長期（約相當於兒童期）、探索期（約相當於青春期）、建立期（約相當於成人前期）、維持期（約相當於中年期）及衰退期（約相當於老年期），見下頁圖5-6。

並且指出人在一生當中必須扮演九個主要角色，依次是：子女、學生、休閒者、公民、工作者、夫妻、家長、父母和退休者。

各種角色之間是相互作用的，一個角色的成功，特別是早期角色的成功，將會為其他角色提供良好的基礎；反之，某一個角色的失敗，也可能導致另一個角色的失敗。如果為了某一角色的成功付出太大的代價，也有可能導致其他角色的失敗。

在我看來，橫向的人生邏輯應該是什麼時間階段做什麼事情。比如二十幾歲，要做加法，大膽去做離夢想最接近的事，努力去拓寬人生的邊界，探索未知的領域，完善自

己的底層邏輯。到了三十歲，就要做減法，無效的社交、無法企及的夢想都需要減少，把更多的時間和精力投入事業和家庭。

否則，**二十歲的恐懼，造就了三十歲的無奈。三十歲的無奈，導致了四十歲的無為。四十歲的無為，奠定了五十歲的失敗。五十歲的失敗，釀造了一輩子的碌碌無為。**

我們從小的教育一直都是，「好好讀書，將來才能找一個好工作」、「好好工作，將來才能買車買房」，以至於大多數人大半輩子的焦點都集中在「職業邏輯」上——金榜題名、升職加薪、買車買房，忽略了人生的其他重要事情。

我很欣賞《奇葩說》的一位辯手陳銘，他對自己的人生邏輯就非常清

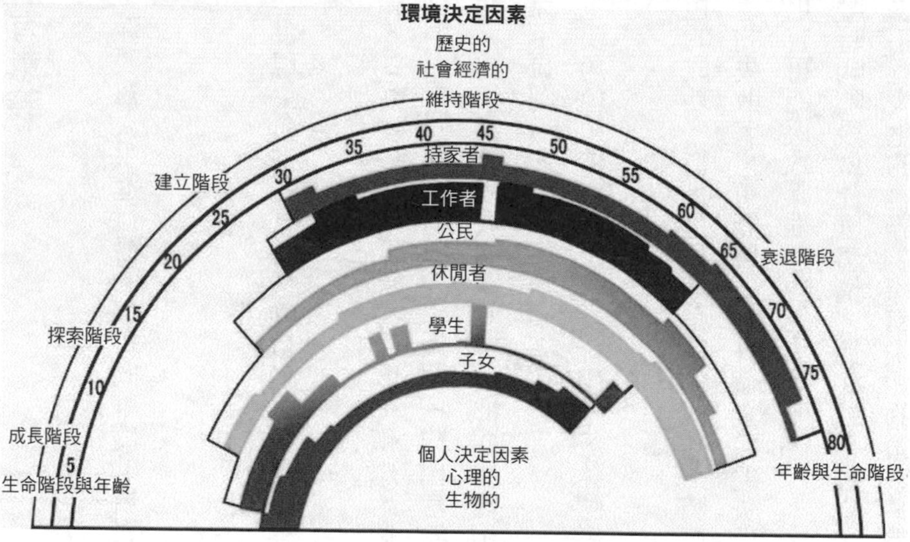

▲圖5-6　舒伯的生涯彩虹圖由橫向、縱向兩部分內容組成。橫向層面代表的是橫跨一生的生活廣度（五個階段），縱向層面代表的是縱貫上下的生活空間。

楚——「我必須得承認，無論是那些節目也好，舞臺、燈光和聚光燈也好，很多時候會讓你對自己價值實際能力的判斷，高過你的真實水準」。相較於辯論場上、舞臺上巧舌如簧的辯手，他說自己更享受回到學校當一名老師，沒有商業互吹，更多的是學生課上的提問，學校裡的下課鈴，老婆打來的電話等真實生活的模樣。

這也是為什麼普通人雖然財富積累不多，但他們很快樂，活得很充實，比很多永遠只為工作在忙碌的明星幸福的原因。

狄更斯說：「**一個健全的心態，比一百種智慧更有力量。**」

以前我會認為，一個人能賺多少錢，是由他的認知決定的。但現在，我對人生重要性的排序：心智大於認知大於能力。

你只有內心堅定，做好一生不同階段選擇的智慧，才能讓生命軌跡做到自洽，不隨波逐流，也不怕與眾不同，不焦慮、不跟風、不迷茫，能堅定選擇自己想要的，用自己喜歡的方式過一生。

◈縱向維度的人生邏輯

讀書→畢業→找工作→升職加薪→退休，這種人生軌跡實在過於單一。而人生的本質從來不是為了賺錢和躺平，畢竟在這短暫的人生裡，還有那麼多有趣的事、那麼多沒有嘗試的經歷、那麼多未解鎖的技能、那麼五彩斑斕的世界等著我們去探索。

每個人都有個性化的生活目標，對於「幸福美好」的定義也是千人千面，各有不同。橫向的人生邏輯，是隨著時間推移，人的身分和角色發生轉變；縱向的人生邏輯，則是如何做好當下的規畫，去收穫幸福的人生。

首先，請你拿出一張A4白紙，用筆在上面畫一個簡單的九宮格，最好稍微畫大一點，將你的人生分成三個維度：

- 根基層：身心健康、財務管理、人際社群。
- 平衡層：工作事業、家庭生活。
- 享受層：學習成長、體驗突破、休閒娛樂。

每個格子裡，你可以參考左頁圖5-7中的問題，填寫下你的答案。比如，在工作事業這一欄裡，你可以問自己三個問題：

- 我當前有哪些學習任務未完成？
- 我的學習習慣怎樣？
- 基於未來的目標，我還需要學習什麼？

在對每一欄都進行深度思考之後，當你把答案填到表格中，就會對自己的人生有一個更全面、更清晰的認知，學會把時間和精力優先投入到更重要、更有意義的事情上。

平衡人生九宮格

學習成長	體驗突破	休閒娛樂
1. 我當前有哪些學習任務未完成？ 2. 我的學習習慣怎樣？ 3. 基於未來的目標，我還需要學習什麼？	1. 有哪些事曾讓我留有遺憾？ 2. 有什麼事是我未來一定要去體驗的？	1. 你有哪些興趣愛好？ 2. 它們能為你帶來哪些價值？ 3. 哪些興趣有可能轉換為職業？
工作事業		**家庭生活**
1. 我心中理想的職業是什麼？ 2. 對於職業有哪些具體要求？ 3. 我需要為此做哪些準備嗎？	我	1. 我和家人的關係怎麼樣？如何改善？ 2. 未來，我期待的家庭生活是怎樣的？ 3. 我如何看待家庭環境對個人發展的影響？
身心健康	**財務管理**	**人際社群**
1. 我是否有鍛鍊身體的習慣？ 2. 我是怎樣調整自己的情緒？ 3. 怎樣讓自己保持良好的身心狀態？	1. 我當前的財務狀況如何呢？ 2. 我的理財能力如何？ 3. 財富在我未來的發展中有什麼樣的意義？	1. 有哪些人是我的「命友」呢？ 2. 我的人際交往能力如何呢？ 3. 我還需要在哪些方面進行提升？

▲圖5-7　運用九宮格，寫下自己的夢想清單及執行方法，能幫助你對自己的人生有一個更全面、更清晰的認知。

在畫九宮格的過程中，有兩點需要提醒你注意：

- 目標要符合SMART原則。比如，你想在財務管理中提高理財能力，這樣寫還是很模糊的。你可以細化成提高財商思維和熟練運用金融工具兩個方面，確定具體的目標之後，你可以參考目標管理裡的OKR的方法論（按：Objectives and Key Results，目標與關鍵結果，也就是要達成目標，需完成哪些事情），比如每個月閱讀一本金融類書籍、使用債券貨幣、基金等理財工具。
- 將目標進行重要性排序。一張九宮格就能把你人生中重要的事都羅列出，但精力有限，不同的人生階段，每一項投入的時間可以參考生涯彩虹圖，有所側重。

阿爾貝·卡繆（Albert Camus）寫過一本被無數人奉為「人生之書」的佳作《薛西弗斯的神話》（*Le Mythe de Sisyphe*），講述希臘神話中的薛西弗斯，因激怒了諸神而受到懲罰，日復一日的推動巨石上山，每當快要接近山頂時，巨石又會重新滾落山底。於是，他不斷重複，永無止境的在重複這件事情。

其實，我們又何嘗不是薛西弗斯呢？山頂是我們一次次立下的人生目標，金榜題名、升職加薪、結婚買房，每一次都以為到達頂點。但到達後才發現仍然有下一個山頂，它可能是學歷、房貸、工作等，需要我們繼續推動著石頭負重前行。

人生最有意義的地方，就在於它沒有意義，我們都在努力賦予它的意義，就像薛西弗斯「推石上山」，這一場搏鬥本身就足以激動人心。這些石頭雖然沉重，但甘之如飴。因為有了它們，我們的人生才有了重量。

同時，假如人生是一場機率遊戲，最大的冒險，就是在不牢靠的底層邏輯上做選擇。在面對人生這永遠做不完的選擇題，你一連串的決策決定了最終結局：

我是否該拋下一切去創業？

我是該在鄉下找一份安穩的工作，還是要去大城市打工？

我要不要為了孩子教育賣掉大房子，換一間小的學區房？

這些決策的背後，都是你的人生邏輯在幫你做選擇，這也是為什麼大多數人窮其一生，不管多麼聰明，多麼勤奮，終究一無所獲，而有些人看起來平淡無奇，但能夠超越出身和局限，最終取得成功。祕密就在於，**那些收穫財富、健康、幸福的人生贏家，掌握了正確的人生邏輯，找到自己活著的意義。**

我很喜歡《半山文集》裡的一句話，**一個人若是能養活自己，就該挪出時間，主動找點美好的事做做。美好，是讓生活與生命發生連結的正確方式。哪怕只是在晴朗的夜晚抬頭仰望一下星空，也足以讓命運擺脫平庸。**

這個世界沒有誰比誰更成功，你的成功衡量標準只有一個，就是按照自己喜歡的方式去度過人生。

刻意成長指南

1. 生涯彩虹圖：著名職業生涯規畫大師舒伯，依照年齡和每個人生與職業發展階段，將生涯發展階段劃分為成長期、探索期、建立期、維持期及衰退期，並且指出人在一生中必須扮演的九個主要角色，依次是：子女、學生、休閒者、公民、工作者、夫妻、家長、父母和退休者。它們相互影響交織出個人獨特的生涯類型。
2. 平衡人生九宮格：幫助人們透過梳理未來的願景，圍繞身心健康、財務管理、人際社群、工作事業、家庭生活、學習成長、體驗突破、休閒娛樂八個方面，來設定目標，並讓人透過圖文形式來檢測自己的目標是否平衡。

第六章

你的人生，借助成長工具了嗎？

身為高等生物，人類天生會製造並使用工具為我們服務。

「工欲善其事，必先利其器。」

在網際網路時代，成長有方法論可循，也有工具可利用。如：使用外掛大腦進行知識管理；正確知識輸入法，可以讓你充滿「洞見」；OKR計畫法能幫你做好目標管理；怎樣避免犯同樣的錯？進步＝錯誤＋反思，願意復盤（反省過程）的人，才會翻盤。那事情太多記不住怎麼辦？萬事萬物皆可清單，沒有什麼事是一張清單不能解決的，如果有，那就兩張。

每一樣工具都有其專門的用途，而每一步成長都可以借助專門的工具輔助。利用好這些成長工具，能讓你的成長達到別人插上火箭也追不上的速度。

01 大腦不是用來死背，是用來思考

「好記性不如爛筆頭」，我們的大腦不是用來記憶，而是用來思考。

你肯定有過這樣的經歷，一句話明明腦海裡有印象，但到了嘴邊，支支吾吾半天，就是說不出來。特別是在現在資訊過量的時代，獲取知識的成本越來越低，我們每天接收大量的資訊，學習到的知識都是碎片化的。如果沒有形成完整的個人知識體系，你看似看了幾個流行的專有名詞，看到幾篇不錯的乾貨文感覺「內容不錯，收藏了」，然後就沒有然後了……。

其實，我們的大腦是一個有缺陷的學習器。它就像是一個很容易被滿足感欺騙的小孩，看過某些內容，就自以為掌握了，但這種學習只能停留在表面，一旦要用時，基本上還是什麼都不會。

另外，我們的大腦還是一個健忘性超大的不可靠儲存體，和我們用過的隨身碟、SD卡等不一樣，大腦的記憶就像用水在紙上寫字，隨著時間的推移，字跡很快就乾了、沒了。也就意味著學了又忘了的現象是常態。

很多時候，我們不停買課程、囤課程，以為能緩解知識焦慮，最後卻是讓焦慮更加嚴重，也在不知不覺中陷入低效勤奮。

如何擺脫低效勤奮，真正學到知識，提升能力？答案是：構建自己的知識體系，並用外掛大腦進行知識管理。

比起記憶，大腦更擅長思考

彼得・杜拉克（Peter Drucker）在《杜拉克談高效能的五個習慣》（*The Effective Executive*）中，重新對「管理者」下定義——每一個知識工作者都是管理者。而管理者必須做到有效的管理自己、管理時間，追求工作效益。

身為一個知識工作者，我的日常主要工作和學習，都是在處理各式各樣的訊息和知識，比如查資料、面對面採訪、閱讀、學習各式各樣的課程，如果不經過處理和刻意管理，讀過的書、整理過的資料、寫過的讀書筆記，一不小心就被資訊的洪流淹沒，相當於沒有掌握。

一個人知識體系的水準，決定了他的認知水準。但除了單門學科需要搭建知識體系，你大腦裡所有的知識也需要搭建一個系統、全面的知識體系。

知識有顯性和隱性之分。所謂的隱性知識，是指儲存在你大腦中的知識。顯性知識，則是指儲存在大腦外部工具中的知識，如書報、筆記、硬碟、網路。

「好記性不如爛筆頭」，我們的大腦更擅長思考，而不是記憶。所以，你需要一個知識管理系統，幫你把隱性知識轉化為顯性知識，幫助你管理所有資料、文件、資訊、知識。這個時代，我們的工作不再是掌握資訊的多少，而在於處理資訊的能力、效率和效益。

當你構建起一個知識管理系統，就相當於讓你擁有一個外掛大腦，你就能有條理的管理手頭上的資訊，解除大腦的負擔。而且這個外掛大腦越可靠，你的大腦就會越信任它，你就可以騰出精力、騰出時間，去做思考的工作。搞定了知識管理，你的工作和學習都會變得高效起來。

構建自己的外掛大腦

所謂的知識管理，是透過獲取、創造、分享、整合、記錄、存取、更新等過程，使大腦的資訊與知識不斷創新，使個人具備更強的競爭實力，並做出更好決策的手段和過程。印象筆記、石墨、有道雲筆記（按：皆為筆記類軟體）等，都是很好用的外掛大腦工具，無須糾結於到底該使用哪個平臺，適合自己習慣的就是最好的。

找到外掛大腦的工具，接下來就是打造知識庫。想要打造一個有系統的知識管理體系，要以框架為中心、以資訊為基礎、以認知升級為目標，實現知識的有效利用，以便自己在最恰當的時間，能夠做出最恰當的決策。

◈ 知識管理框架

首先，你要清楚的構建出自己原有知識和經驗的框架體系，它就相當於一個房子的框架。

當你把知識框架搭建起來，之後在學習新知識時，只需對原有框架加以增補和修正知識體系即可。新知識有對應的位置，就增添到相應的位置。如果實在沒有合適的對應位置，就要對知識管理分類進行調整，對學習材料進行調整，讓新舊材料可以更好的融為一體。

學習的過程是不斷積累、修補的過程，「進一寸有進一寸的歡喜」，時間越長，要學的新知識會越來越少，讓你的感覺就是越學越快。

我的知識庫框架，參考了曾採訪過的作家張萌人生效率體系模式（見圖6-1），按照大腦處理資訊的模式，分為三大模

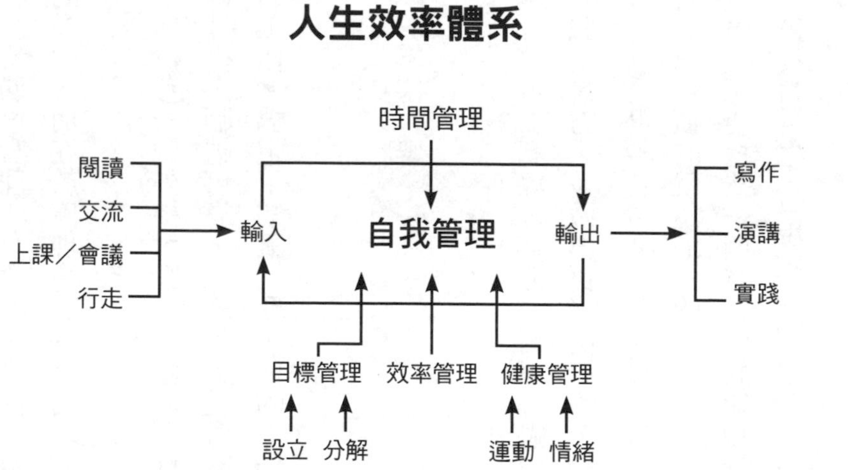

▲圖6-1　按照大腦處理資訊的模式，可以分為三大模組：知識輸入、自我管理、思維輸出。

組：知識輸入、自我管理、思維輸出。接著，再對每個模組再進行第二層次的劃分。

比如，在知識輸入模組上，按照一個人最常見的知識輸入的方式，有四個組成部分：第一是閱讀，透過閱讀前人的智慧，提升自我；第二是以人為師，向高手學習；第三是專家會議和培訓班，透過系統性的知識理論學習，具體提升某方面的能力；第四是行走的力量，透過行走這種考察和體驗式學習，補充完善認知。

在思維輸出模組，主要由三塊內容組成，第一是寫作，包括記錄日常的寫作輸出；第二是演講，去傳達自己的觀點和主張；第三是實踐，把學到的理論知識，轉化成實際生產力。

在自我管理模組，我採用的是專案劃分模式，比如目標管理、效率管理、健康管理等重要長期專案制模式，後續也能根據生活實踐適時進行增減。

個人知識庫框架品質的高低，直接決定了我們對這個世界認知水準的高與低，決定了你學習做事的效率和效果。當然，每個人的背景不同、學習目的不同，最終形成的知識庫框架也不同。你也可以根據自己的知識結構，設計專屬自己的知識體系框架。

◈知識管理的內容

房子框架搭好了，後續就是添磚加瓦的工作。知識管理，簡單來說，就是透過對外部資訊進行加工，提高你改變認知或行動的速度。

我們可以將知識管理分為三個維度（見下頁圖6-2）。

第一，資料收集管理。在這個維度上，重點關注在如何把看到的數據資料保存起來、如何把資料保存記錄下來、如何整理資料夾、如何給文件貼標籤等。

我的個人習慣是，會先把日常看到任何有價值的資料，記錄在手機裡。比如，看到有啟發的內容、文章，就直接把這一段話複製出來，用對話方塊的模式發給自己，無法複製的就直接截圖保存，圖片直接保存在手機相簿裡。

當天或隔天對保存的知識進行整理，分門別類的列到自己的知識管理庫。在這個維度，就是識別哪些是對自己有用的知識，對它們進行收集、分類、保存，以便後期遇到問題，無須到處搜尋，只要求助你的知識管理庫，透過關鍵字的搜尋，找到你過往學習積累過的知識內容，快速解決問題。

第二，資訊處理管理。我們在閱讀或聽課時，接收到的資訊主要是線性的。如果我們輸入

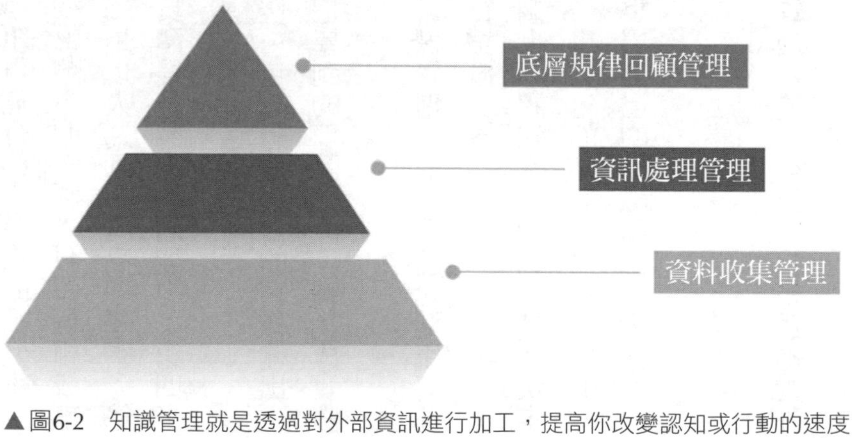

▲圖6-2　知識管理就是透過對外部資訊進行加工，提高你改變認知或行動的速度。

了大量龐雜的資訊，沒有進行整理，就會陷入「惰性知識」的陷阱。

所謂的「惰性知識」，是指那些只是記住，但在生活裡從來不用，也不知道怎麼用的知識。要克服惰性知識就要主動去學習、思考，把知識結構化、系統化。

我們在第三章講到知識金字塔，你從外界取得的資料，屬於最底層的知識，存在你意識之中，如果不能管理運用，就得不到很好的發展。只有經過大腦的處理，加工成為資訊，才是屬於你的知識。

如果我們能對接收的資料進行整理，找出它們的內在邏輯，不斷進行關鍵字的提取、分類、總結、概括、類比等，積極調動你的大腦參與資訊處理的過程，透過樹狀結構把知識串聯和組織起來，那麼這些知識就能在你的腦海中形成知識網絡。

比如，我們提到做讀書筆記、心智圖等，都是在幫你把看不見、摸不著的思維變得視覺化，可感知，對知識進行更好的融合、內化。

資訊爆炸的時代，只有應用的才是知識，其他的都是資訊。再貴的課程，再好的知識點，如果不去消化吸收，成為自己的東西，那也只是「廢物」一堆，只有去應用了才稱得上是「知識」。

所以在這個維度，我們關注的是如何更好的理解、消化和應用掌握各個知識點。

第三，底層規律回顧管理。愛因斯坦說：「學習知識要善於思考、思考、再思考，我就是靠這個方法成為科學家的。」

可是不是人人都能成為科學家，但如果你想擁有更多的智慧，就不要局限於具體的問題，而是要分析現象後找出普遍性的規律。因為日常我們收集到的資訊，都是零散的資訊或知識，你必須在大量加工資訊積澱的基礎上，形成對某一個領域的體系知識，透過回顧，深層次掌握並規畫，昇華自己的智慧。

這是大部分人經常會忽略的一點，只關注表面的具體方法和技巧，卻忽略了更高層次的智慧。

「熟讀唐詩三百首，不會作詩也會吟。」大概就是這個意思，透過完成輸入、思考整理、輸出、應用、改進的循環升級，增加你的認知深度，進而改變你的行為模式。

蒙格說：「如果你只是孤立的記住一些事物，試圖把它們硬湊起來，那你無法真正理解任何事情。」

底層規律回顧，會使我們更深入審視已有的知識體系，把知識應用到現實情境中，對問題進行更加細微的觀察，並且致力於創造一個個孤立點之間的關聯。

要知道，**一切的學習和努力無非三個目標：一是解釋問題；二是解決問題；三是預測問題**。

透過系統化的知識管理，不僅能夠整合日常生活中碎片化的知識點，推動你的系統化思考，而且有助於找出問題背後的推動因素，從而更好的預測、指導、應用於實踐。

任何一個卓有成效的管理者，都有一個共同點，就是擁有一套自己獨特的知識管理體系。趕緊去找到你的外掛大腦，開啟知識管理之旅吧！

刻意成長指南

1. 知識管理金字塔：資料收集管理、資訊處理管理、底層規律回顧管理，自下而上形成知識管理體系。
2. 惰性知識：個體雖然已經獲得並保存在頭腦之中，但在某些情況下不能提取出來加以應用，而處於一種非活躍狀態的知識。

02 讀書能讓你選擇生活，而不是被迫謀生

你輸入資訊的品質，決定你的認知高度；你處理資訊的方式，又決定你對知識的吸收率。

為什麼有的人總讓人感覺充滿「洞見」，而你卻不能呢？

百度前副總裁「李叫獸」（李靖）是這樣回答的：「高考六百五十分和四百五十分的人的差距，並不是因為他們接觸了更多的資訊，或者偶然獲得了絕密的書單，而是他們處理資訊的方式、看書的方式與眾不同。」

我們的大腦有一個閉環的知識結構，即輸入、處理、再輸出，循環往復，我們也是在這個過程中不斷進步。你輸入資訊的品質，決定你的認知高度；你處理資訊的方式，又決定你對知識的吸收率。

那麼，如何學習才能提高輸入資訊的品質，增加知識吸收率呢？作家冰心先生曾將她八十多年讀書生涯的切身體會，總結為一句話——讀書好，多讀書，讀好書。九個字，言簡意賅，背後卻層層遞進，蘊含著讀書的深刻含義。

不讀書，你會喪失選擇權

知乎上有一個話題：「為什麼大多數人寧願吃生活的苦，也不願吃學習的苦？」其中有一個回答，讓人深以為然：「大概是因為懶，**學習的苦需要主動去吃，生活的苦，你躺著不動它就來了。**」

是呀，學習的苦，是主動、枯燥的，而且即便吃了這些苦，短期之內還看不到成效。而對於生活的苦，就像是溫水煮青蛙一樣，讓人後知後覺。

我爸媽都是農村出身，他們沒有受過多少教育，我媽還好，至少小學畢業；我爸讀到小學二年級就出來工作養家糊口。鑿石頭、做建築工人，幾乎所有能賺錢的重體力勞動他們都幹過。從小到大，我們聽到最多的話就是，「只要你們能考得上，我們就算再苦、再難也要讓你讀」。

我們姊弟幾個也是特別努力，從農村走到縣城，再到省會城市，再到北上廣深，甚至未來走到更遠的世界。

「別抱怨讀書苦，那是我們去看世界的路。」我現在的成長，其實都離不開過往閱讀過的那一本本書籍，不管是如磚塊般難以下嚥的專業書籍，還是偷偷躲在被窩裡看的小說。

讀書可以經歷一千種人生，不讀書的人只能活一次。就像陳平原教授有一段廣為流傳的話：「如果你半夜醒來發現自己已經好長時間沒讀書，而且沒有任何罪惡感時，你就必須知道，你已經墮落了。

不是說書本本身很了不起，而是讀書這個行為，意味著你沒有完全認同於這個現世和現實，你還有追求，還在奮鬥，你還有不滿，你還在尋找另一種可能性，另一種生活方式。」

讀書可能沒辦法讓你大富大貴，卻能讓大多數人免於跌落谷底，擁有選擇的權利，選擇有意義、有追求的工作，而不是被迫謀生。

讀書雖然不能直接幫你解決問題，卻會給你一個看待事情不一樣的角度。**讀書雖然不能改變人生的長度和起點，但可以改變你人生的寬度和終點。**

泛讀大概，擷取精華，掌握其實質

古人有云：「盡信書則不如無書。」讀書從來就不該只信「一言堂」，博覽群書才是見多識廣和增才益智的重要途徑。

在《如何閱讀一本書》（*How to Read a Book*）裡，將閱讀目的分為兩種，一種是為了獲得資訊進行的閱讀；第二種是為了提高理解能力的閱讀。簡單來說，讀書就是有兩種形式：一種是泛讀；另一種是精讀。

所謂的泛讀，就是你利用一些碎片化的時間，大量攝取一些資訊類知識，迅速的擴大你的知識面，讓你了解到不同維度的知識。

當你讀的書越多，知道得越多，就越能進行知識之間的遷移。比如，我在大學期間學過一門國際法課程，課程內容其實非常枯燥，離我們的現實生活也很遙遠，理解起來非常有難度。但如果你之前了解過一些國際歷史，知道「一戰」、「二戰」造成了整個國際形勢的變化，那麼這門課程對你來說就容易很多。

那麼，如何高效率進行泛讀呢？

我習慣利用在地鐵或者其他碎片化的時間，戴上耳機，加速兩倍聽《樊登讀書》，不會糾結最後真的學進去多少。

這樣的學習給我增加了很多新知，比如我第一次聽《混亂》，知道擁抱不確定性，經常能給人生帶來另外一種可能性。說書的老師在他個人豐富閱歷的基礎上，對於很多書本的解讀，可能不同於市面上的一些純解讀類書籍，更像是一種人生閱歷的分享，讓你收穫到很多的人生觀、價值觀及世界觀。

當然，以上也僅是我的個人習慣而已。市面上關於說書的平臺有很多，你可以根據自己的習慣，和對內容的喜好，挑選合適的平臺進行學習。

我們生活的這個世界和社會，其實是一個複雜的整體。透過泛學，可以培養多元化思維模型，就能避免單一思維的局限性。

當然，任何知識的學習，關鍵都在於不斷積累，長期堅持。久而久之，你就會不斷拓展認知的邊界，把自己從「單向度的人」變成「多向度的人」。

閱讀是一場與作者的對話

讀一本好書，就是在與優秀的人對話。和泛讀不一樣，精讀是需要你與書的作者進行靈魂深處的交流。在和作者經過一場悄無聲息的交流之後，你就會對他的觀點佩服得五體投地，也就欣然接受了他的觀點。

想要獲得這樣的能力，不僅僅滿足於作者說了什麼話，還要去探求作者真正的意思是什麼，以及他為什麼要說這樣的話。那麼，怎樣才能找到一本精讀的好書？怎麼樣閱讀，才對得起這樣的經典書籍呢？

◈ 如何找到一本好書？

在選書方面，我的習慣是在聽說書的基礎上進行篩選。如果聽到一些比較不錯的經典書，我可能會多聽幾遍。覺得非常不錯，再到電子閱讀平臺上把本書的目錄大致瀏覽一遍，試讀前面幾個章節。後面覺得確實有精讀的價值，我才會去購買紙質版的，進行深度學習。

另外，還可以重點關注幾點，比如看出版機構，大的出版社、口碑好的出版社，能幫你省去不少選書時間；看作者的背景，如果是非娛樂性的閱讀，最好選擇某個知識領域著名的作者；看推薦人，身邊朋友對書籍的品味，決定了他能否幫你推薦合適的書；看書的推薦書單，「好書是從好書中來的」，好的作者都會在自己的閱讀書單裡為讀者推薦書單。這些方法都能幫你篩選到不錯的好書。

◈如何精讀一本好書？

都說，「讀書百遍，其義自見」。在我看來，一本經過時間檢驗的好書，如果你想真正把它讀懂，把知識轉化為能力，至少要閱讀三遍。「半部論語治天下」，好書在精而不在多。一個月精讀一本也就夠了，一年也就精讀十二本。

第一遍，畫心智圖。經常有人說自己讀書時抓不住重點，理解力特別差，讀完以後什麼也沒有記住。那是你不懂得使用心智圖，你可以用心智圖幫你形成知識網路。拿到一本書，你一開始應該做的不是馬上去閱讀書中的內容，而是了解該書的知識結構，即大綱目錄，先站在一個系統旁觀者的角度去看待本書對你的幫助，是填補你知識領域的空缺，還是深化你的認知？

在了解過作者編排目錄的原因之後，你可以做一份簡易版的邏輯心智圖。關於心智圖的工具有很多，常見的有「X-mind」、「幕布」，都是很好的學習工具。當你用心智圖將學習的內容進行輸出，透過理解和記憶來整理提取關鍵知識點，形成能幫助自己快速記憶和收集整理的導圖筆記。再內化於「腦」，隨時調取應用。在這個過程中，相信你的思考能力也會大幅上升。

第二遍，記錄有用的知識點。我們在上一節提到過大腦不是用來記憶的，而是用來思考的，你得給自己的大腦連接一個外部大腦。

書裡有用的知識，可以是經典名句或觀點，覺得對自己有用的一定要記錄下來，形成自己的積累。有了知識的紀錄後，需要和自己大腦裡已有的知識做連接，並且要對新的知識進行「思考」、「質疑」、「驗證」。

當你看的書越多，知識積累得越多，知識的連接就越快，看書效率也會大幅度提高，要想認知升級，積累的過程是必不可少的。

把這些知識整理歸納好，便於以後自己回顧、引用，提高寫作效率，一定要學會記筆記。作家彭小六在《洋蔥閱讀法》裡總結過一個九宮格讀書法，推薦按照左頁圖6-3中五個部分對一本書進行梳理。九宮格由五個部分構成：

- 主題：書名、某個PPT的主題、公眾號文章主題等。
- 問題：在讀這本書之前，你有什麼疑問？你想讓這本書為你解答什麼困惑？
- 概念：書／文章中有哪些核心或是以前不知道的概念？
- 啊哈：記錄感興趣、使我快樂、欣喜的地方。
- 接下來要做：如何借鑑、改進自己的行動？

當你每精讀一本書，都能按照九宮格讀書法做記錄，加上後期不定期回顧，對於你內化這本書的精髓，絕對有非常大的幫助。

第三遍，讀書最好的方式就是輸出。你有沒有過這樣的體驗？好不容易看完一本書，結果沒過幾天，就忘得一乾二淨。平時和朋友聊天說起自己看過的書，結果對方一問書中大概講了什麼故事。你的大腦一片空白，支支吾吾也講不清楚。這就是平時沒有注意在輸入後進行有效輸出。

想要吸收一本書的精華，最好的沉浸式學習的方式就是講述。如果你能把一本書的內容複述給別人聽，並且別人聽完你的講述，還能對這本書產生興趣，才能證明你真正掌握了這本書的核心知識。

說書是一門技術活，有點類似於我們中學時期常寫的讀後感，但又有不同之處。有兩個原則，需要你遵循：第一，說書的內容要以書為據，

九宮格筆記法

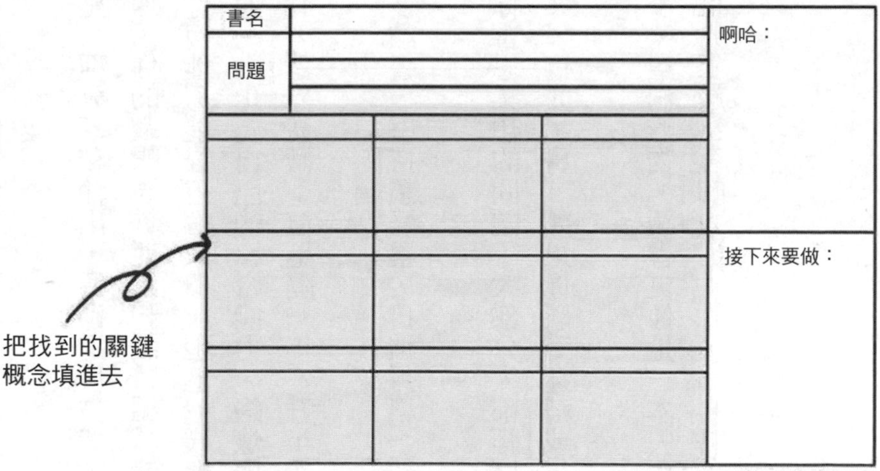

▲圖6-3　按照九宮格讀書法做記錄，加上後期不定期回顧，對於你內化這本書的精髓，絕對有非常大的幫助。

盡量不要延伸太多主觀的東西；第二，用自己再創作的內容講述，而不是單純只濃縮書的內容。

「教就是最好的學」，從本質上講，說書是一種分享和輸出，透過這種方式，你可以將書裡的知識進一步記憶和鞏固，同時又鍛煉了你的邏輯思維能力和語言組織能力。

當然，這個過程不是一蹴而就的，一開始你可能只能描述個大概，但經過幾輪的刻意練習之後，你就能不斷把書中的內容融會貫通，內化為自己的綜合能力。鍛煉與不鍛煉的人，隔一天看，沒有任何區別；隔一個月看，差異甚微；但是隔一年、五年看，身體和精神狀態上就有了巨大的差別。

閱讀也是一樣的道理，深諳讀書好，持續多讀書，堅持讀好書，日積月累，他的認知和洞見，自然就和不讀書的人拉開了差距。

實際上，關於升職加薪、成長、創業等讓你苦思冥想的問題，大部分人都經歷過，並且這些問題的大部分都已經有人找到解決方案，寫成了書。如果你感到迷茫或焦慮，不妨透過讀書去找到答案。

我始終相信，不讀書的人生就像空心的竹子，空洞無物。讀書更像是一本人生最難得的存摺，一點一滴的積累，你會發現自己是世界上最富有的人。

刻意成長指南

1. 如何精讀一本好書？
- 第一遍，畫心智圖。
- 第二遍，記錄有用的知識點。
- 第三遍，讀書最好的方法就是輸出。

2. 九宮格讀書法：彭小六在《洋蔥閱讀法》提倡的一種帶著問題、帶著目標、輸入輸出相結合的學習方法。具體包括以下五個部分內容。
- 主題：書名、某個PPT的主題、公眾號文章主題等。
- 問題：在讀這本書之前你有什麼疑問？想讓這本書為你解答什麼困惑？
- 概念：書／文章中有哪些核心或是以前不知道的概念？
- 啊哈：記錄感興趣、使我快樂、欣喜的地方。
- 接下來要做：如何借鑑、改進自己的行動？

03 三隻青蛙工作法，所有目標都能實現

人不怕立目標，就怕不會立目標。

你今年立下的目標，還堅持著嗎？

曾經在無數個春天，我們都鬥志滿滿的告訴自己，今年一定要做點什麼，但立了無數次目標，到了年末卻悔不當初……。

曾經的我，也是每到年初就給自己立下各種目標，但到了年末才發現，自己就真的宛如戲臺上的老將軍，背上插滿了旗子，卻沒有一個做到。直到在網際網路公司工作時，身為一個曾經被OKR支配的人，某一天，我終於悟到了OKR的正確執行方式：既然OKR能夠指導工作，為什麼不嘗試用它來做個人目標年度計畫？

於是，我就嘗試把OKR計畫法應用到生活中，結果發現年初制訂的目標計畫，不僅基本完成，甚至有些還超額完成。

其實，人不怕立目標，就怕不會立目標。如果缺少科學的目標管理方法，人很難克服自己的惰性。

什麼是OKR計畫法

在網際網路公司工作過的人，對OKR這個詞一定不會陌生。所謂OKR，即目標與關鍵結果法，這是英特爾公司創辦人格魯夫（Andrew Stephen Grove）創建，在他看來，一個成功的目標管理系統需要回答以下兩個問題：「我想去哪裡？」和「我如何調整節奏，以保證我正在往那裡去？」這兩個問題，正是OKR的兩個核心，即需要一個極致聚焦的明確目標（Objectives）和量化該目標的數個關鍵結果（Key Results）。後來，百度、華為、小米等網際網路公司逐步使用和推廣OKR，它為網際網路公司組織創造了巨大價值。

但在我看來，OKR不僅是一種工作法，更是一種生活法，它同樣適用於指導我們的成長。相較於KPI等方法，OKR是自我設定的，是目標管理和時間管理的完美結合，真正讓你實現**「我的目標我做主」**。目標（O），可以讓你關注「挑戰」，Key Results是服務於目標的，幫你保持專注，制訂計畫。

哈佛大學曾經在一群智力、年齡相仿的年輕人中進行了一次關於人生目標的追蹤調查。調查發現：二七%的人，沒有目標；六〇%的人，目標模糊；一〇%的人，有比較清晰的短期目標；三%的人，有十分清晰的長期目標。

結果，二十五年跟蹤調查後發現，那三%擁有清晰目標的年輕人，幾乎都成為社會各界頂尖成功人士，他們之中不乏白手起家創業者、行業領袖、社會菁英。

一〇%擁有比較清晰短期目標的人，大都生活在社會的中上層。他們的共同特點是那些短期目標不斷被達到，生活品質穩步上升，成為各行各業不可缺少的專業人才，如醫生、律師、工程師、高級主管等。

而六〇%目標模糊的人，幾乎都生活在社會的中下層，他們能安穩的生活與工作，但都沒有什麼特別的成績。

剩下的二七%的人，他們幾乎都是普通大眾；他們的生活都過得很一般，常常失業，得靠社會救濟，並且常常在抱怨他人、抱怨社會。

成年人的世界，沒有那麼多童話，也沒有那麼多逆襲。所有的逆風成長，都是有備而來的。我們每個人心裡都有一頭雄獅，想要喚醒這頭雄獅，制訂清晰的目標至關重要。而OKR是一套協助我們進行目標管理的工具和方法，可以幫我們更加聚焦目標、聚焦重點。

如何制訂OKR

那麼，如何制訂一個科學的OKR計畫法呢？

在制訂OKR之前，你先擬訂一個合適的週期（天／月／季／年），設置目標（O），再針對每個目標去制訂相應可量化的關鍵結果（KR）。在我看來，目標是用來明確方向的，所以須符合「三隻青蛙」原則（見左頁圖6-4）；關鍵結果則用來量化目標，須符合SMART原則，幫你聚焦在有挑戰的目標上。

◈目標制訂：三隻青蛙

一個好的目標，相當於在告訴我們要去哪裡。在制訂OKR時，最怕的是想要的太多，因為目標太多等於沒有目標。如何聚焦目標制訂呢？巴菲特給出了一個答案：專注。

- 寫下你的二十五個目標。
- 認真排序，選出五個目標。
- 把二十個沒有選擇的目標放在「不惜一切代價也要避免」的清單上。

巴菲特建議，不管怎樣，其餘的二十件事情不應該引起你的注意，除非你已經非常成功的完成前五個目標。

一個人的時間和注意力是有限的，如果你

請為自己的階段目標制訂一個期限 （1個月、3個月、半年、一年）	（______月／年）
請寫出你的階段目標	
目標分解： （我要為實現這個目標做什麼關鍵任務？須符合SMART原則）	
關鍵結果1：	
關鍵結果2：	
關鍵結果3：	

▲圖6-4　目標是用來明確方向的，所以須符合「三隻青蛙」原則。

不能朝著最重要的目標努力，你的時間只會被繁忙的工作「殺死」。真正好的目標，一定是能讓你大清早從床上興奮跳起來，「叫醒你的就真的不是鬧鐘，而是目標」。

那麼目標應該怎樣制訂才能真正有效？美國作家博恩・崔西（Brian Tracy）在他的時間管理著作《時間管理》（*Eat That Frog!*）中說：「**找出你一天、一週、一個月、一年、一生中最重要的事情，它們就是你必須吃掉的『三隻青蛙』。如果你必須連著吃掉三隻青蛙，記得要先吃掉最大、最醜的那隻。**」

第一，明確你的青蛙，找出最重要的三件事，它們就是你必須吃掉的三隻青蛙。

根據「二八定律」，你每天最重要的三件事（二〇％）往往會起到八〇％的效果。我們要學會把時間和精力放在那些真正能夠讓你成長的重要事情上，才能有效的安排你所要面對的事情，扎扎實實的成長。

第二，先吃掉「最大、最醜的那隻青蛙」。

也就是每天先把最重要、最困難的任務放在前面解決，你會發現那一天沒有什麼比這更艱難的事了，從而讓你的一天都倍感輕鬆。如果浪費時間去做「不緊急、不重要」的事，這些事只會浪費你的時間，不會幫助你獲得任何進步。

第三，保護你的「青蛙時間」，就是確保你每天都有足夠的時間，專注於吃掉那隻「最大、最醜的青蛙」。

成年人每天要面對的事太多了，我們必須給自己保留下整段時間，用來處理最重要的事。我每天都會在前一天晚上，把第二天的三隻青蛙寫在筆記本上。第二天每吃掉一隻青蛙，我就會在筆記本上打一個「√」，這會給我帶來滿滿的成就感。

當然，三隻青蛙的方法，不僅適用於每一天，還適用於你的年度目標。以前的年度目標，我可能會定十幾條，等到年末，才發現一條都沒有實現。現在制訂全年目標時，我一定會先花時間認真思考，最後只會制訂出三個重要目標。

並且目標層級是自上而下的，年度目標、季度目標、月度目標、每日目標，有點兒像俄羅斯娃娃，一個套著一個。你在制訂月度目標時，要重點關注是否符合季度目標，季度目標又是否契合年度目標，只有層層遞進，到了年末才能真正吃掉年度「最大、最醜的三隻青蛙」。

我很喜歡哈佛大學的一句名言——**「當你為自己想要的東西而忙碌時，就沒有時間為不想要的東西而擔憂了」**。一個人如果不知道自己要駛向哪個碼頭，那麼任何方向的風都不會是順風，但一旦你知道自己要去哪裡，全世界都會為你讓路。

◈ 關鍵結果制訂：SMART原則

想要做成一件事情，意志力是靠不住的，要靠具體路徑才有可能。因此，在制訂關鍵結果時，一定要符合SMART原則，讓結果可量化，你才能駕馭住OKR。

以目標是一年內成為知乎大V為例，制訂關鍵結果：

KR1：我要在今年，知乎粉絲達到「五萬＋」。

KR2：知乎等級達到V9，「鹽值」（按：為一個評分系統，根據使用者在知乎平臺上的表現給予對應的分數，在零至一千中浮動）分數大於九百。

設計關鍵結果中最具挑戰性的部分，就是把目標中定性的部分轉化為可量化的數字，使每一步努力都可衡量。曾看過一個對話，有人問米開朗基羅（Michelangelo）：「你是如何雕刻出大衛雕像呢？」他回答：「只要剔除掉不屬於大衛的部分就好。」當你設置完關鍵結果，接著就要在繁瑣的生活裡，盡量砍掉其他與目標無關的事項，讓精力和時間更聚焦。時間是我們最缺稀的資源，時間的分配直接決定了你的成長速度，學會做減法，斷捨離，聚焦我們的時間、努力和資源，你才能光速成長。

二十幾歲時，誰的青春不迷茫，「不喜歡現在的生活狀態」、「不知道自己喜歡做什麼，想做什麼」、「對未來一片空白，沒有目標指引自己」。

其實，我們都一樣，我也曾經因為對未來一無所知而焦慮過，也因為對未來感到迷茫而無助過，更因為生活的不如意躲到廁所裡大哭過。唯一不同的地方就是，當你還站在原地躊躇時，有人不斷探索，撥開迷霧，找到成長的正確進階方法——OKR計畫法，並且不斷踐行。時間從來不語，卻回答了所有問題。當你還在「卡」在原地，可能和你同一起點的人，已經達到你無法想像的高度。

我們每個人都是自己這家無限責任公司的執行長，想要經營好自己的這家公司，不僅要立目標，還要有目標的具體實現方案。

人生不過三萬天，過一天就少一天，我們來人間一趟就是要發光、發亮，要學會和時間賽跑，和自己賽跑。你願意制訂一個成長ＯＫＲ，和我一起改變嗎？

刻意成長指南

1. ＯＫＲ（Objective Key Result）：即目標關鍵成果法，是一套明確和追蹤目標及其完成情況的管理工具和方法。目標（Ｏ），可以讓你關注「挑戰」，Key Results 是服務於目標的，幫你保持專注，制訂計畫。
2. 三隻青蛙：找出你一天、一週、一個月、一年、一生中最重要的三件事，它們就是你必須吃掉的三隻青蛙。

04 你的復盤能力有多強，成長空間就有多大

只有敢於直接面對慘澹過去的人，才是真正的勇士，才能從復盤中迅猛成長起來。

「我有三年的工作經驗。」

「不，妳只是把一年工作經驗用了三年。」

以上這段對話，是我在工作三年後，我的直屬主管當面對我說的。

當時，我從零到一獨自負責了人生中的第一個專案，心裡暗自高興認為：「這回主管應該會表揚我了吧？」直到一天，我的主管突然跟我說：「我看妳也有幾年的工作經驗，但你有沒有認真做過復盤呢？」

那是我人生中第一次聽到「復盤」這個詞，我只能本能的搖搖頭。她隨手遞給了我一本《復盤思維》的書說：「好好看看，然後儘快交給我一份復盤報告。」

之後，復盤這件事對我的人生產生了重大的影響，我不僅在工作上會做復盤，就連生活和成長，也都會做復盤。

這幾年，我曾專訪過很多年收入百萬，頗負盛名的專家學者。有一個意外的發現，真正厲害的人，都是懂得復盤，總結出自己的一套科學的方法和邏輯，同時建立起自己的品牌。而生活中絕大部分人，從來沒有總結梳理過自己的知識和經驗的意識，即便他們對某個專業和領域有著很深的洞見，看問題準，見解獨特，但當你追問他是如何做到的，他又說不出個所以然來。

同樣是努力，為什麼取得的結果截然不同？最根本的原因就是你是每天繼續前一天的努力，還是具備復盤思維呢？

進步＝錯誤＋反思。

復盤的目的，就是幫助你以後遇到類似的情況，能夠做出正確的決策或快速反應。如果決策是尊重未來的自己，那麼復盤就是尊重過去的自己。

只有學會了復盤，你吃過的虧、受過的苦，才會真正成為你走向成功的基石。

什麼是復盤

微軟根據多年的人才培養經驗發現，大量給員工培訓並沒有用，如果想要透過培訓切實提高績效，最好的方法就是採用「七二一法則」，即學習七〇％來自實踐與經驗，二〇％來自與他人交流與互動，一〇％是透過培訓來獲得（見下頁圖 6-5）。

也就是說，在我們的成長過程中，只有三〇％是向書本和他人學來的，七〇％都是跟自己學的。**你的復盤能力有多強，直接決定你的進步空間有多大。做一件事情，失敗或成功，都有必要重新演練一遍。**

復盤，這個詞本身是圍棋術語，真正的圍棋高手平時在訓練時，大多數時間並不是在和別人搏殺，而是把大量的時間用在復盤上。他們會在每次博弈結束後，覆演該盤棋的紀錄，看看哪裡下得好，哪裡下得不好。對自己和對方走的每一步的成敗得失進行分析，同時提出假設——如果不這樣走，還可以怎樣走？怎樣走才是最佳方案？

發展至今，復盤，已經是一種提升能力的重要方式。它是以書寫或回憶的方式，對過去所做的事情重複「過」一遍，透過對過去的思維和行為進行回顧反思和探究，實現能力的提升，提高辦事效率。**只有敢於直接面對慘澹過去的人，才是真正的勇士，才能從復盤中迅猛的成長。**

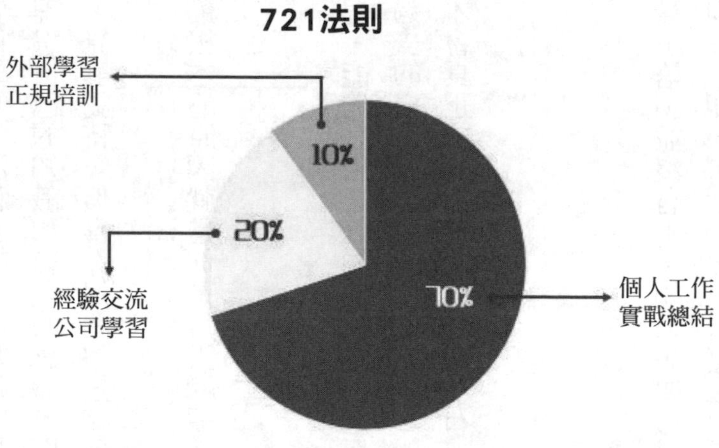

▲圖6-5　員工能力的提升，70%來自「工作中學習」，20%來自「向他人學習」，10%來自「正式的培訓」。

如何做復盤

復盤這件小事，說起來簡單，可是真正做起來，需要你養成堅持反思的習慣，把自己掰開揉碎，不找各種理由和藉口，深度去剖析日常生活中的小事。

大體上，我的復盤可以分為兩大類，縱向事件復盤和橫向事件復盤。

◈縱向事件復盤

縱向事件復盤主要以大事件或大目標為主，比如一項工作任務、一次目標、一次團體活動，都可以用這種方法。

- **回顧目標，確認基準**。目標是否實現，是我們判斷成功與否的唯一標準。回顧自己當時制訂了什麼目標，或者說你當時最希望達成的結果是什麼樣子的。
具體方法：回顧目標最直接有效的方法，就是把目標寫在最顯眼的地方。
- **評估結果，用數據支撐**。對照最初設定的目標，看看現在目標進行到什麼程度，結果和目標對比處於什麼狀態。記住一定要實事求是，釐清思路，找到現狀、目標和差距。
具體方法：用數字等可量化表達的方式，直接將結果寫出來。
- **找到差距，分析原因**。明確自己的優劣勢，衡量外在環境對時機、結果的影響，從而提升事情的可控性。

具體方法：從主觀因素和客觀因素兩個方面去思考問題，對完成的任務進行分析和梳理，分析主要的亮點是什麼，主要的不足又是什麼，並分析亮點和不足產生的主觀、客觀原因是什麼。

- **總結經驗，指導實踐**。透過以上分析找到做事更有效、更符合本質規律的做法，並把總結的解決方法運用到下一次實踐中。

具體方法：在那些成功、失敗的事件中，找到可助推目標達成，並可重複使用的方法論。

例如，二〇二二年我給自己立下了一個目標，就是知乎漲粉（按：粉絲變多）「五萬+」，我在年初就把目標寫進年度目標管理。每個月我會對目標進行評估，審視當前達成目標的進度。如果進度和預估有差距，就會重新調整當前的漲粉和內容創作方案，用於指導下一次的實踐。

當然，做完以上這四個步驟後，復盤並沒有結束，你可能還需要根據以上內容制訂新的目標計畫。人生最大的浪費就是浪費經驗，不要輕易放過每一段經歷。事情做成功當然是最好，但不幸失敗了，你也要懂得從中復盤，吸取教訓。**這個社會不獎勵努力的人，獎勵的是努力並且取得結果的人**。如果你不覺得一年前的自己多愚蠢的話，說明你這一年來沒有進步。

◈橫向事件復盤

除了縱向事件復盤，我在日常生活裡，進行最多的就是橫向事件復盤，它以日常時間線進行劃分，包括每日復盤、每週復盤、每月復盤。

- **每日復盤**。用時間軸的方式記錄每一天時間的使用情況，再進行每日復盤，我會使用時間軸記錄法，記錄每天從起床到入睡之間的每一段時間都做了什麼。你也可以用畫格子來表示一個小時，清晰記錄你在每一個時間段內實際做的工作。
我自己還設計一個評分機制，將每天的行程分為目標管理、輸入、輸出、時間管理、精力管理五個專案，每個專案兩分，總分共十分。每天晚上根據當天表現的情況，對自己進行評分，及格分為六分。高於八分，第二天，我就會獎勵自己一份甜點；低於六分，就會懲罰自己當天晚睡半個小時。
一年三百六十五天，我們每天都有一次對自己進行反省的機會。當我們練習得越多，做得越快。每天只需要在睡前花上五分鐘，就能對當天的行為做一個簡單的復盤，對你的成長也就越有利。
- **每週復盤**。在網際網路公司工作過的人，肯定都會有被「週報」虐過的經歷吧？在生活中，我們同樣也要給自己的成長做週報。你可以把一週所做的事當成專案管理當中的一個專案，每週固定一個時間，檢視專案完成的進度情況，可以重點關注自己未完成的工作，以及下一週待完成的工作。

我現在已經習慣把星期天當作我每週的第一天。在這一天，我會找一個時間，完成本週的復盤和下週的計畫，重點問自己幾個問題：

（1）本週的任務都完成了嗎？沒有完成的原因？

（2）本週有沒有做到高效生活？有沒有浪費時間？

（3）本週最成功的事是什麼？有沒有吸收新的知識？

這樣，當別人在慌亂中度過週一時，我已經按部就班的在執行本週計畫，這份內心的滿足感只有自己知道。

人與人的差距是逐漸拉大的，一年五十二週，如果你每一週都能認真進行復盤，總有一天，你會驚喜的發現五十二次週復盤，自己始終保持著螺旋式上升的成長姿態，不知不覺就會跟身邊的朋友拉開差距。

• **每月復盤**。每月復盤，是基於日復盤和週復盤，前提是你在之前對每天的生活都有所記錄和總結。同時它又不同於日復盤的繁瑣，你僅需要基於過往一個月的時間管理資料，對自己進行一個客觀的總結和評價。

（1）善於用完成清單（Done-list）進行梳理。

工作：記錄當月工作中完成的任務和收穫。

學習：記錄當月看過哪些書籍，重點提升哪項能力。

社交：記錄當月曾參加過哪些活動、認識了哪些新朋友、維繫了哪些舊關係。

休閒娛樂：本月看過哪些電影，進行過哪些戶外活動。

當然，這個沒有固定範本，你可以根據自身情況增加或者減少板塊，具體可參考我們前面提到的平衡人生九宮格板塊（見第兩百五十九頁）。

（2）增加內省環節。

你對本月的表現滿意嗎？（十分表示非常滿意）

本月最大的收穫是什麼？

本月最大的遺憾是什麼？

接下來你想怎麼去做？

一年十二個月，完成十二次的月度復盤。等到年度總結時，你從十二個月度的復盤裡，就能清晰知道自己今年一整年都做了哪些事情。

李小龍說：「我不怕練了一萬種腿法的人，我怕的是同一種腿法練了一萬次的人。」不過，《復盤思維》的作者鄭強老師卻說：「僅僅重複一萬次的人，永遠成不了專家，只有經過有系統的、有目的性的、有策略的總結、反思並及時糾正一萬次的人才可能成為專家。」

世界上最悲催的事就是用同樣的行為方式，卻期待不同的結果。會復盤，才能翻盤。只有養成復盤的習慣，每一天的努力、每一次的進步、每一年的成長，才會成為記錄你不斷變好過程的里程碑。

刻意成長指南

1. 復盤：以書寫或回憶的方式，對過去所做的事情重複「過」一遍，透過對過去的思維和行為的回顧、反思和探究，實現能力的提升，提高辦事效率。
2. 七二一法則：學習七〇%來自實踐與經驗，二〇%來自與他人交流與互動，一〇%可以透過培訓來獲得。
3. 縱向事件復盤的四個步驟：回顧目標，確認基準→評估結果，用數據支撐→找到差距，分析原因→總結經驗，指導實踐。

05 萬事萬物皆可列清單

沒有什麼事情是一張清單不能解決的，如果有，那就兩張。

不知道你有沒有這種經歷：好不容易出門一趟，卻發現不是忘帶鑰匙，就是忘記帶身分證，結果當天一整天的心情都不好了。

我有幾次出門忘記帶鑰匙，結果帶上門，才發現自己被關在門外。無奈之下，只能找人來開鎖。看著開鎖師傅三兩下撬開門，兩張大洋就出去了。我總是無比懊悔，每次都暗自告訴自己：「下次千萬別再忘記帶鑰匙了。」可是等到下次出門，還是把這件事情拋之腦後。直到有個朋友告訴我一個特別簡單的方法，出門前提醒自己四個字：「身（伸）手鑰（要）錢」——身分證、手機、鑰匙、錢包。這四樣東西記起來很費勁，但當它們被壓縮成一句隨口清單，我就很容易記住了。於是，從那時候開始，我就成為一名清單控，能用一張清單輕鬆搞定的事，絕對不會用到大腦。

事實上，不僅僅是醫療行業，航空、餐飲、金融等各個行業，都存在著簡單又威力強大的小清單。比如，在每次做手術前，護士一定會提前備好一張清單，清單上的內容也很簡單：

第一步：洗手消毒。

第二步：用消毒液給病人皮膚消毒。

第三步：幫病人蓋上無菌手術單。

第四步：醫生戴上手套、帽子、口罩，穿上手術服。

第五步：待導管插入後貼消毒紗布。

我當時看完這一份清單，覺得這就好比提醒一個人吃飯不要忘記用筷子，似乎顯得有些愚蠢。直到看過《清單革命》（*The Checklist Manifesto*）這本書，才知道就是這樣一個簡單的動作——讓醫護人員把手術中最關鍵的步驟列在清單上。這項非常簡單易行的舉措，把手術感染的死亡率降低了將近五〇％。

無論一個人的記憶力多好，能力多厲害，都不可能保證自己在任何一個階段所做的事情都毫無遺漏，準確無誤。但是借助一個並不複雜，甚至是你隨手做出來的工具，反而就能讓你的生活省力不少。

無知之錯可原諒，無能之錯不被原諒

《清單革命》的作者阿圖・葛文德（Atul Gawande）提到，人的錯誤有兩種：一種是無知之錯；另一種是無能之錯。

無知之錯，就是你根本不知道如何做才是對的，所以出錯了。比如讓當下的你去開飛機，你肯定不會，一定會出錯，這個就是無知之錯。另一種錯是無能之錯，這是一種你知道怎麼做是對的，卻又不知不覺的犯錯。比如，出門忘記帶鑰匙。

前者無知之錯可以被原諒，但後者無能之錯就不能被原諒，因為你只要稍加注意，就能避免這種錯誤。清單思維正好可以解決這個問題。就像為了保證飛行員的操作都是零失誤，航空公司會為他們配備一個飛行清單，上面列著必須操作的所有步驟。飛行員在每次飛行前，只要按照清單一件、一件做好，就不會出錯。

清單，不僅是工作方法上的改變，更是思想觀念上的變化。我們需要學會列清單，養成列清單的好習慣，就能避免無能之錯，極大的降低人生中的出錯率。

你距離自由，或許只有一張薄薄的清單

清單竟然如此重要，那要如何製作？《清單革命》列出了製作清單的六大要素：

- 設定清晰的檢查點。
- 選擇正確的操作類型，是操作確認還是邊讀邊做。
- 清單要簡短。
- 語言要精練、準確。

• 要注重版式，便於查閱。
• 經得起考驗。

其實核心重點就三個：簡單、可測、高效。根據事情的簡單和複雜程度，可以分為執行清單和檢查清單兩種形式。

◈簡單問題用「執行清單」

簡單問題的核心是避免忘記，執行清單把需要做的每件事以清單形式進行整理，將原則和關鍵點寫下來，比如開頭提到出門提醒自己身（伸）手鑰（要）錢，就是一個簡單問題的執行清單。

你只要嚴格按照清單執行，就能將成功的可能性提升到最大。要求堅守簡單、可測、高效原則。例如，組織策劃彙報會事宜。你需要提前列出一份會議的執行清單。

• 會前準備

（1）確定會議具體時間、地點、議題、目的。
（2）確認與會人員名單，通知相關人員參會，附會議議題以供提前思考。
（3）物資準備：紙質材料（簽到表等）、電子材料（PPT等）、礦泉水、現場桌椅、投影設備。

• 會中執行

（1）會前十分鐘，確認人員到達情況。

（2）會議時間節點把控，推動會議正常進行。

（3）會議內容記錄。

（4）會議最終總結，就議題達成某項共識。

• 會後工作

（1）將整理好的會議紀要發給與會人員，確認記錄無誤。

（2）根據會議中達成的共識及分工推進工作完成。當你擁有清單思維，擁有自己的清單，就能將其變成一種工作和生活上的守則，找出其中的關鍵點，我相信做事一定會事半功倍。

◈ 複雜問題用「檢查清單」

清單不只是用在打包旅行行李、備忘錄等小事上，當遇到程序多、專業性強的複雜問題時，還可以用檢查清單，做到目標視覺化，以及做決定分析利弊，一切需要記錄和釐清頭緒的地方都可以用到它。

如果你看過《窮查理的普通常識》，就一定對蒙格的投資原則檢查清單不會陌生。

• 風險：所有投資評估應該從測量風險（尤其是信用風險）開始。

（1）估算合適的安全邊際。
（2）避免和道德品質有問題的人交易。
（3）堅持為預定的風險要求合適的補償。
（4）永遠記住通貨膨脹和利率的風險。
（5）避免犯下大錯，避免資本金持續虧損。

• 獨立：唯有在童話中，皇帝才會被告知自己沒穿衣服。
（1）客觀和理性的態度需要獨立思考。
（2）記住，你是對是錯並不取決於別人同意你還是反對你，唯一重要的是你的分析和判斷是否正確。
（3）隨大流只會讓你往平均值靠近，只能獲得中等業績。

身為股神巴菲特背後的智囊，蒙格已經做過不計其數的投資，但即便如此，他仍然相信清單的力量，在做任何一筆投資之前，都會嚴格對照清單來檢查即將投資的專案是否滿足清單中的每一項內容。正如他經常說的：「聰明的飛行員即使才華再過人、經驗再豐富，也絕不會不使用檢查清單」。

不過，每個人都會列出一張長長的清單，希望自己能做到這些事，卻只有少部分人能堅持在生活實踐中，嚴格按照清單行事，再根據執行的結果修改清單內容。否則清單列得再多，也不過是「紙上談兵」。

個人清單的獨家分享

在《為什麼菁英都是清單控》（*Listful Thinking*）這一本書中，像富蘭克林（Franklin）、達文西（Leonardo Da Vinci）、愛迪生（Thomas Alva Edison）和歐普拉（Oprah Gail Winfrey）等不同時代、不同領域的成功人士，都是「清單控」，他們習慣於把該做、想做的事，變成可快速瀏覽、方便執行的「清單」。

其實，不僅僅是菁英們需要清單，每一個想要做事有條理的人，都應該制訂自己的清單。不管清單在腦子裡還是在試算表上，抑或是在 App 上，都是一種特別簡單有效，對事情的管理方法。在此也分享我的三種個人清單模式，供你參考。

◈常規任務清單

使用執行清單，把最重要的事情常規化，列一份「常規任務清單」，每天、每週、每個月哪幾件事情必須要做。

- 每日

（1）保證七小時左右的睡眠。

（2）用三十分鐘來整理自己的形象。

（3）給自己做一頓飯。

（4）保證三十分鐘的閱讀學習。
（5）每日復盤和計畫。

• 每週
（1）和家人通一次電話。
（2）認識一個新朋友。
（3）參加一次戶外活動。
（4）做週復盤，記錄自己的生活。

• 每月
（1）去看一次電影。
（2）花五小時至十二小時去學習一門技能。
（3）精讀完一本書。
（4）參加一次有意義的社交活動。

• 每年
（1）去一個自己沒去過的地方旅行。
（2）做一個全面的體檢。
（3）按自己喜歡的方式過一次生日。
（4）做一次年度總結和次年規畫。

◈寫作清單

身為一名寫作者，每天都在創作，為了做好品質控管，我也制訂了一份寫作清單，進行自我提醒和品質把關：

- 主題

本次的主題對讀者來說是「有用」，還是有共鳴？目標讀者大概是什麼樣的人群？（你能理解多少人，就能擁有多少讀者。）

- 標題

標題是否有賣點？（給予目標讀者想要的東西：八卦、好奇心、欲望、金錢、自我提升、自我愉悅。）

標題是否有內容？（簡潔有力，把文章內容濃縮成一句話，不歪曲、不誇大。）

標題是否有趣味性？（第一時間吸引讀者的眼球，常見的標題形式：數字聚焦、八卦獵奇、製造懸念、顛覆常識、名人效應、借勢熱點、乾貨複利、盤點歸納、戳中痛點，善用符號。）

- 結構

文章採用哪一種結構框架？分成幾個層次？

（1）三個故事加一個道理，適用於觀點文。

（2）What-Why-How，適用於乾貨文。

（3）故事論述型，適用於人物稿。
層次與層次的過渡是否自然？

• 觀點
（1）你的觀點是否有價值？是否能被傳播？
（2）文章的觀點是否新穎，是否有啟發性？
（3）觀點和事例是否相互佐證？

• 開頭
（1）文章開頭是否吸引人？常見的開頭寫法：講自己的故事、講別人的故事、名人故事、講影視劇、拋出問題、先講觀點、別人的討論、科學實驗、書籍和歷史事件、熱點事件、拿標題說故事。
（2）是否設置了吸引讀者讀下去的「鉤子」或懸念？

• 故事
（1）是否使用了合適的人稱？
（2）故事是否有代入感？有畫面感？有細節代入？
（3）故事是否詳略合適？

• 金句
（1）文章是否使用了足夠多的金句？
（2）每個層次是否都有金句出現？

（3）引用的名言警句是否妥當，是否有啟發性？

• 共鳴

（1）文章能引發讀者的哪些共鳴？

（2）是否有能喚起讀者的情緒反應？

（3）常見易引起傳播的情緒：敬佩、憤怒、幽默、擔憂、恐懼。

（4）不易引發傳播的情緒：心滿意足、抑鬱、悲傷。

• 結尾

（1）結尾是否扣題？

（2）能不能把大多數用戶的情緒和共鳴推向高點？

◈交友清單

對交友、決策等重要的事情，我也梳理了一份檢查清單，方便時刻提醒自己。

• 你和一個人的關係，是由心理距離較遠的一方決定的。

• 以開放心態交朋友，但如果發現這個朋友欺騙過你一次，就再也不要傻傻的把對方當朋友。

• 你是怎樣的人，你的朋友就是什麼樣子。

• 我喜歡三種朋友：一種是比我優秀的，另一種是使我優秀的，還有一種是願意和我一起變得優秀的。

- 朋友不是透過努力爭取來的，而是在道路上奔跑時遇見的。
- 真正的友情不是利己的，而應該是利他的。
- 可以當成「命友」的朋友，一定都有過「過命」、「過錢」的交情。
- 任何關係都要耗費精力去維護，才能讓關係持久。一旦你鬆懈了，和朋友幾個月不聯繫、電話不打、消息也不發，那麼你就會發現，原來當初感情那麼鐵的朋友，都會感到「尷尬和疏遠」。
- 有些人可以共事，但不可以交友；有些人可以交友，但不可以共事。
- 如果想去的遠方不一樣，再好的朋友，也會散於三觀和距離。

以上清單，是我對自己生活、工作、交友的要求，它們都是我經過不斷思考、多次實踐調整優化的結果。

我建議看到這裡，你也可以動筆寫下專屬於自己的清單，不要求一下子全部寫齊。能寫幾條先寫幾條，先列一個最初的版本，隨後有了更新的感悟、感知，再隨時進行補充和替換。

沒有什麼事是一張清單不能解決的，如果有，那就兩張。你現在打算用清單來結束繁忙生活中的混亂、無序和迷茫了嗎？

後記

別抱怨讀書苦，那是你去看世界的路

都說女孩的一生有兩次改變命運的機會，一是出生在一個好人家；二是成年後找到一個好老公，嫁入一戶好人家。身為一個出生在普通家庭，家裡沒有「礦」的女孩，我改變命運的兩次機會，全是靠自己爭取得來的。

第一次是高考那年，透過讀書，從農村走到城裡求學，見到一個不一樣的世界。第二次是畢業進入企業一年後，放棄所有的安全感，離鄉背井選擇獨自滬漂。

靠著讀書，我一路從農村到縣城讀高中，到省會城市上大學，再到上海工作，甚至未來走到更遠的世界。每努力踏上一個臺階，就是為了站得更高一些，活成自己想要的模樣。

窮人家的孩子早當家

我們無法決定人生的起跑線，但不能因為起跑線太靠後，就將它視為終點。既然命運已經給了我們一個比別人低的起點，我們就要用一生去奮鬥出一個絕地反擊的故事，這個故事關於夢想、關於勇氣、關於堅忍。

我出生在福建閩南地區一個多子女的普通家庭裡，都說「窮人家的孩子早當家」，別人家的小孩還在嗷嗷待哺時，我七、八歲時就開始幫家裡幹活，幹過的活，用我們當地的話來說就是：「用一雙手都算不出來。」

早期，為了謀生，父母還做起了賣煤球的生意。沒錯，就是蜂窩煤球，七個孔，後來變成十二個孔，家裡燒飯做菜用，最早是純手工製作的，後來才變成機器製造。

小時候的我，年紀小不會打扮，也沒錢打扮，基本上都是穿著姊姊淘汰下來的衣服去上學，加上經常跟著父母送煤球，我經常被同學稱為「賣煤球的女孩」。

為此，我常跟男孩子打架。因此在上小學時，我常被老師責罵。我的手到現在也都布滿工作的痕跡，左手小拇指的指甲裂開了一道縫，那是在我七、八歲時，跟著媽媽到田地裡割水稻造成的。

當時因為年紀小，水稻長得比我人還高，我下田沒做多久，就把自己的手給割傷了。當時一家人都在忙著收割，誰也沒空帶我去包紮。我媽就從口袋裡掏出了幾角錢，指了指旁邊的雜貨店。於是，我一個人忍著疼痛，出了田地，到旁邊的雜貨店買了一個OK繃給自己貼上。

我右手的中指和食指兩個指頭，是我在十六歲初三畢業，為了貼補家用，到家附近的一家鞋廠打零工，不小心被作業的機器壓到。所幸送醫院急救及時，沒有造成太多功能性的損傷。

那時候，貧窮滋生了我心底最深處的自卑感，只是我不甘心像身邊同齡女孩一樣，初中一畢業，到附近工廠做一個普通的藍領工人，然後隨便找個人結婚、生孩子，就這樣過一輩子。

在當時現實生活極度貧困的情況下，我唯一的情感寄託就是閱讀各種連環畫、中外名著等來排遣現實世界的苦悶。尤其是作家三毛，我跟隨她的文字去了不同的國家，西班牙、摩洛哥、義大利……她為一個當年困在課桌上、自卑的農村女孩，打開了視野。原來世界很大、很美好，生活要真摯、要熱愛，哪怕只是透過玻璃球，也能看見彩色的世界。

也正是透過讀書，讓我知道原來在我從小生活的小地方之外，還有一個更為精彩、更為浩渺繁華和神奇的世界。在這些書中，我也找到了奮鬥的力量，渴望用知識改變命運，走出小地方，闖蕩大世界。

後來考上大學，在開學前有三個月的假期，我到家附近一家超市做臨時工，三個月沒有一天缺席，賺到六千多元。開學交完五千元的學費，九百多元買了人生第一部諾基亞手機，手上基本就沒剩下多少錢。

我爸媽不希望我太辛苦，想給我一些生活費，有一次還偷偷把錢塞到我的書包裡。被我發現後，我又把錢原封不動的放回櫃子裡。我骨子裡是一個很好強的人，想透過自己的努力去念完大學。於是，剛上大學，當其他人都鬆了一口氣，享受美好的校園生活，我就已經在為下個月的生活費發愁。

在大學時，我當過家教，因為學校在郊區，每次到學生家裡做一次家教，來回基本上要花上大半天的時間，能賺到八十元。我做過電話行銷，從早上開始被關進「小黑屋」，按照提供的名單打電話給別人發邀約，一天下來，嗓子都啞了，能賺到八十元。我甚至在學校門口發過傳單，只為了一個小時賺十元。

不過，我最開心的就是透過寫稿賺錢，雖然可能好幾天寫好的一篇稿子，最後到手的稿費不過一、兩百元，但看到自己的文字變成鉛字體，出現在報紙雜誌上，那種自豪感和成就感，是其他事情所無法比擬的。

人生沒有白走的路，也沒有白讀的書。這些年裡，我的心裡一直有一個聲音在提醒著我：「別抱怨讀書苦，那是妳去看世界的路。」也正是曾經觸碰過的那些文字，在不知不覺中幫我認識這個世界，悄悄幫我擦去臉上的無知和膚淺。這也是我始終相信文字是有力量的原因，它確確實實溫暖過我，成為我的精神支柱，幫我走出了人生困境。

第一次改變命運——高考

泉州是有名的鞋業輕工業生產基地，我們那裡流行一句話：「如果不好好學習，將來都是要到工廠『車鞋子』。」

初中畢業，我身邊沒有讀高中的同齡女孩子，基本上都沒有逃過這樣的命運。先幫家裡幹幾年活，爸媽就會幫忙物色相親，找一個同村或隔壁村看起來踏實勤勞的對象結婚。就此以後的人生，都將整日整夜和那些帶著濃濃膠水味的鞋子為伴。

因為早期家裡的條件並不好，我的兩個姊姊，為了貼補家用，在完成了義務教育後，十幾歲就去鞋廠裡當了車間女工，並且這一做就是近二十年。

放暑假時，我也到鞋廠流水線做過幫工，每天機械化的重複同一個動作，承接上游傳來的鞋材面料，給這些材料刷膠水、上扣子、三班倒（按：一種輪班制。企業根據生產需要將職工分為三個班，即早班、中班和夜班。在實行「正順序倒班法」的情況下，職工由早班調中班，由中班調夜班，「逆順序倒班法」時職工由早班調夜班，由夜班調中班，如此反覆輪換），像一臺「不知疲倦」的機器，不停的工作。

身邊來往的基本上都是年齡差不多的工友，大家討論的話題不是張家長就是李家短，那一雙雙空洞的眼神讓我無比恐懼。當時我就暗下決心，一定不要過這樣的人生。

慶幸的是，我父母對我們的教育還算「一視同仁」，從小到大，我們聽到最多的話就是：「無論是誰，只要你們想讀，能考得上，我們就算再苦再難也會讓你讀的。」

對於家裡沒有礦的孩子來說，高考讀書或許就是唯一改變命運的機會。二〇〇八年，我的一個姊姊當時算是第一個從農村老家考到省會城市高校的大學生，這讓我爸揚眉吐氣了很久。

我姊姊去到省會城市念書，她回家把在大城市見到的很多我沒法想像的東西，興奮的講給我們聽。那時候，是我第一次意識到讀書是真的可以改變命運的。後來，我和弟弟也都以姊姊為榜樣，陸續考上省會城市的一本院校（按：一本是全國重點大學）。在以前，大學教育並未完全普及時，這件事幾乎成為村裡大人們教育他們家孩子用功讀書的「典範」。

上了大學，發現身邊有從小練習跆拳道，拿到黑帶的同學，有人把英語講得和母語一樣流利，甚至別人一口標準的普通話，都能讓帶著濃濃口音的我羨慕不已。那時候，我就在心底裡暗自下決心：我不想再回農村去面對生活中的雞毛蒜皮，我想見世面，我想去看更大的世界。因此，我必須比別人更加努力，才有可能追上別人的水準。

於是，五年的大學生涯，我像是一棵乾渴的小樹苗，拚命的汲取著知識的養分，不曾荒廢，也不敢荒廢，除了自力更生之外，就把大量的時間都花在圖書館裡，學習醫學、法律的知識，閱讀各類書籍，一度被圖書館老師調侃：「妳這是把圖書館當家了吧。」大學時代，我幾乎把所有的時間和精力都放在學習、實習和兼職上。因為我清楚我人生所有的起點，都是要靠我自己。

世界很大、風景很美、機會很多、人生很短

現實就像一個泥潭，有人選擇沉淪苟且，也有人選擇跨過泥潭面向遠方。你想要選擇前者，還是後者，全都由你決定。身為家裡沒有礦的孩子，我人生的一切起點都是靠我自己。當我決定逃離泥潭時，就必須比任何人要堅定、要努力，要一往無前，才可能

去改寫一個不一樣的命運。

一個人的視野和格局一旦被打開，就再也回不到原來的狀態。

我記得在大學期間，第一次讀到路遙的《平凡的世界》，就被書中少安和少平的命運深深吸引住，我當時覺得我們一家就是當代版的「少平」一家的命運。

書中，少安身為家裡的長子，自幼便承擔起繁重的勞動，以及供弟妹讀書的責任，他沒有機會走出家鄉，去接觸不同的人，他眼中的世界僅在雙水村，在他家的破爛窯洞裡。而少平在縣城讀完高中回到雙水村當小學老師，他在黑板上寫下「世界」兩字，不但是寫給孩子們，也是寫給他自己。

路遙在書中寫的那句話：「誰讓你讀了這麼多書，又知道了雙水村以外還有個大世界……」見過世界的少平的心不再安於眼前狹小，他覺得自己屬於外面更廣闊的世界。

不同時代，卻是相似的命運，這像極了我姊和我的命運，雖然我姊也是到省會城市上大學讀研究所，但她花更多的時間在專業學習上，幾乎不和外面的世界打交道。畢業以後，她順利進入一家國營企業單位，過上了家和單位兩點一線的生活（按：比喻生活較單調，每天就是家和工作的地方往返）。

我在大學時期，機緣巧合下結識寫作路上的啟蒙老師，成為一名學生記者，藉由《中青報》的校媒平臺，去到北京、貴州、江西等多個地方，開拓了我的視野，讓我看到一個更大的世界，見到不一樣的人和事，不一樣的人文和生活習慣。

後來我就愛上了行走，在大學期間，我透過做義工、住青年旅舍等方式，足跡遍布半個中國。有一年，我獨自去雲南大理旅行了一個多月，那次旅行顛覆我傳統的認知，燃起了很多思維火花，對我後來的人生有很大的啟發。

當時我在青年旅舍碰到一個三十三歲的青年旅舍老闆，在一家醫院上班的他，有時候瘋狂加班只為了換取每個月可以連續休幾天的假期，然後就是一張到了火車站才決定去哪裡的火車票。後來，他果斷放棄了醫院的工作，和喜歡的女孩在大理開了一家青年旅舍。

在他身上，我第一次意識到，原來這個世界上真的有人在過著你想過的生活，既可以朝九晚五，又能夠浪跡天涯。

「我喜歡這裡的生活，就要努力追求，三十三歲正是追求夢想的年紀。」那一句話，對於當時大學剛畢業迷茫的我，真的很有力量，我才二十幾歲，為什麼不能成為任何我想成為的人，追求自己想要的生活呢？

大學畢業那年，沒有人際關係、沒有背景的我，硬是憑藉著醫學和法律的雙學位優勢，考上一家國營企業單位，原以為我也會像我姊那樣，過上朝九晚五的安逸生活。結果，上班兩個月以後，按部就班、壓抑的生活，讓我逐漸失去對生活的熱情，變得越來越壓抑、頹廢。尤其是看到身邊同事眼睛裡失去了光芒，一成不變的生活，談論的不是老公、孩子，就是房子、車子，甚至有人勤勉踏實在一個職位上整整幹了二十年，最後卻罹患重病。

「一個有教育、有知識又愛思考的人，一旦失去了自己的精神生活，那痛苦是無法言語的。」那時候的我特別惶恐，因為他們的現在，也就是我可以預見的五年、十年、二十年……「到遠方去，到遠方去，熟悉的地方沒有風景」，心裡一直有個聲音在提醒著我自己。最後，我和少平做出了同樣的決定：即使碰得頭破血流，也要到外面的世界去闖一闖。

當一個人只能長期被封閉在某個小圈子裡，就會把這個圈子當成自己人生唯一的選擇。此生最大的願望，就是在這個小圈子裡獲得認可。相反的，如果你的世界一直在變，你就會發現，這個世界上美好的東西太多了，有那麼多有意思的書要讀，有那麼多有趣的人要見，有那麼多好玩的事要做，有那麼多沒去過的地方要去，你根本不需要在乎外事、外物、外人對你的評價。

我們每個人心中都有一個夢想。你要做的是不活在任何人設定的框架裡，不追隨任何人的腳步，尋找到屬於自己的詩和遠方。至今，我也沒有停止過對這個世界的探索，足跡遍布全球十一個國家和地區，七十二座城市。畢竟這個世界有太多的美好，值得我們去發現和追隨。就看你敢不敢做更大的夢。

第二次改變命運——滬漂

當勇敢走出去的那一刻，也就是冒險開始的時刻。為了再次改變命運，我選擇考研究所，開始我的人生探索之旅。只是後來辭職，接連兩次考研究所的失敗，血淋淋的事實，把我最後一絲希望也澆滅了。

前無進路，後無退路，我在老家過了一個最不像年的春節，大年初六，獨自帶著八百元，拉著一個二十吋的行李箱，單槍匹馬的踏上滬漂之路。

天知道，身為一個從小在小地方長大的農村女孩，我當時是鼓足了多大的勇氣，離開生活了二十幾年的土地，離開了所有親人朋友，獨自去到一個不知道會待多久，能待多久的陌生城市漂泊。

當時，我住過八十元一晚的床位房，一天吃二十元的速食，從上海西邊擠過尖峰地鐵到東邊去面試，幸運的是，憑藉著在學校積攢下的文字功底，我進入了一家網際網路公司，找到一份能養活我自己的工作。

一個人進步最快的時候，就是他失去安全感的時候，他必須克服恐懼依賴和失望，然後從傷痕累累的皮膚上長出刺、長出鎧甲。

身為一個網際網路小白，我開始拚命去學習，拚命去成長，曾一個人跑到天寒地凍的大東北去出差，經常趕著最後一班地鐵回到租屋處，為寫不出「十萬+」的文章焦慮到徹夜難眠，也面臨過「被失業」，獨自開公司。

在知乎上有一篇文章，為什麼那麼多人寧願月薪幾千元，上下班擠地鐵，除去雜七雜八剩不了幾個錢，也要去大城市生活呢？

當時有一個回答是，在這裡，人人都有一種英雄主義，他們什麼都沒有，但願意去拚、去努力，只為了賭那點兒改變人生的可能性。

儘管未來，我也不知道是否能在上海這個寸土寸金的土地上一直待下去，但我很感謝這一片土地給了我卓越的追求、卓越的價值感，賦予了我對生命和夢想新的追求。年輕的時候，其實沒什麼好猶豫的，**人生本來就是一場豪賭，怕輸就永遠贏不了。**

不忘初心，活成自己最想要的模樣

二〇二二年是我來上海的第五個年頭，不敢說自己有多優秀，但我至少逐漸活成自己想要的模樣──我喜歡我的事業，做著自己喜歡的事情，還能養活自己；我喜歡我的生活，沒有太多應酬，規律吃飯睡覺，偶爾和志同道合的朋友小聚；我喜歡我的臉蛋，雖然並不迷人，不過笑起來露八顆牙還是很燦爛。

我知道自己想要什麼，更無須在意別人的眼光，遇事從容、做事堅定、舉止大方，成為自己想要的光，這就是我能想像自己這個年齡階段最好的狀態。

前段時間回家探親，爸媽也不只一次勸我：「女孩子嘛，還是要收收心，安穩一點比較好。」可能跟大多數同事的父母一樣，我爸媽一輩子都生活在農村小地方，靠雙手養活一家老小。他們一直都希望我能聽他們的話，回到家鄉，去找份穩定的工作，然後相夫教子，安穩的過一生。

我只是笑笑回應：「還年輕，要那麼穩定幹什麼，大不了過幾年，混不下去再回來嘛。」其實早在我放棄我原來穩定工作的那一刻，我心裡就知道，這輩子恐怕很難再回去了。

回顧這幾年的成長，我沒有過人的天賦，沒有好的家庭背景，也沒有令人佩服的學歷，有的只是像一粒塵埃，守著自己的光芒，一點點去照亮更大的世界。

就像《平凡的世界》裡的孫少平那樣，大哥孫少安在家創業燒窯磚，曾要他回村裡，哥倆兒一起經營村裡的事業。可是少平沒有答應和大哥一起回去，而是選擇繼續留在城裡，做一個煤礦工人。因為離開家鄉，經歷那麼多事情以後，他認識到：也許自己一輩子都是個普通人，但他要做一個不平庸的人，在許許多多不平常的事情中，表現出不平常的看法和做法。

在北上廣深這些城市裡，有太多像你、像我，像「少平」這樣平凡的小人物存在，我們都在為各自的人生奮鬥著，渴望能創造出不平凡的人生。

和少平所處的時代不同，我們是這個時代的幸運兒。因為如果一個時代、一個國家能夠讓更多像你我這樣的平凡人看到，只要付出聰明勤奮，就能有機會改變命運，而且確實有不少人實現了大規模財富的增長，這是時代的幸運，也是我們的幸運。

這個時代，既有挑戰，也有機遇，每個有夢想的人，都有可能創造出他想要的明天，就像路遙先生說的：「我們每個人的生活都是一個世界，即使最平凡的人，也要為他生活的那個世界而奮鬥。」

現在我堅定自己的目標，就是能走出去，站在更高的視角去寫出真正有價值的文字。可能儘管當下還在為五斗米而折腰，但內心深處比任何時候都清楚自己未來想要的方向——我可以不優秀、不漂亮，未來成為一名知名作家的機率可能也微乎其微，但我還是願意無怨無悔為這個目標奮鬥。

我們不是害怕三十歲，而是害怕仍一事無成

再過幾個月，我就要三十歲了。曾經以為三十歲離我很遙遠，卻發現十八歲已經是很久以前的事情了。

三十歲，這是一個被社會定義為「不再青春」的年齡，在老家的父母親戚看來，這個尷尬的年紀，隔壁鄰居的孩子都會打醬油了（按：指孩子很大了，可以幫忙做家務），妳不結婚，不生子，就是有問題。

在過去的同學朋友看來，別人都找到一份穩定的工作，事業有成，妳一個人背井離鄉，跑去大城市漂泊，就是一個「異類」。

但在我看來，三十而立，立的是自己的世界觀、價值觀、人生觀，知道自己此生來世間走一遭的目的，而不是簡單外界評價裡的事業有成、結婚生子。

我曾在朋友圈裡發過一條動態，傷感三十歲即將來臨，有一個上海朋友留言評論：「我三十歲了，坎不坎的都跨過去了，前面還有無數坎。」

是呀，二十有二十的煩惱，三十有三十的糾結，四十就會有四十的困惑，一個個問題，種種對未知的不確定性，這是一個無盡的閉環，如果你總是焦慮，甚至恐懼，那麼

未來還會好嗎？

我很喜歡電視劇《三十而已》女主角顧佳的一句話：「二十歲跟三十歲的區別在哪？二十歲時一切都是向前看的，沒什麼不敢拚也沒什麼不敢放棄。可到了三十歲，大家都開始著急，買房子、存金子、生孩子，這些東西都有一個統稱，叫做「後路」，這也是很多人的觀念。好像三十而立的警鐘就會在那天集體爆發，一百條退路，沒有一條是向前的。一旦有了這種觀念，你說人生還能好嗎？我們現在才三十歲，人生的半場還沒過完，你有什麼不敢拚的呀？」

使人不擔心後路的唯一方式，就是要把前路走長。

哪有什麼所謂的「三十歲焦慮」，三十歲的這一天並不是突然來臨，它代表你過去二十九年的成長，融合你過去一萬多天走過的每一步路、看過的每一本書、見過的每一個人。

這也是我會在三十歲之前，橫跨醫學、法律、新聞、網路四個領域，玩命做加法，去和世界碰撞的原因。因為你不去試一試，你永遠不知道自己有多少種可能性，你也不知道命運會給你怎樣的機緣。

我們這代人的一輩子很長，你不知道什麼時候能熬出頭；但一輩子其實又很短，你永遠不會知道，明天和意外哪個先來，相信你也不想等到某一天，才發現想去的地方還沒來得及去，想做的事情還沒來得及做，想愛的人還沒有遇上。所以，不妨把人生當成一場體驗，不念過往，不懼將來，勇敢一點，大膽一點，盡興就好。

你覺得當你老了，回首這一生，最後悔的事情會是什麼？

有人曾對全國六十歲以上的老人做抽樣調查，統計結果排在前兩位的分別是：九二%的人後悔年輕時努力不夠導致一事無成，七三%的人後悔在年輕時選錯了職業。

當局者迷，當你面對現實的選擇猶豫不決，拿不定主意，學著跳出來，由後往前倒退重新看待自己，或許所有的問題都會迎刃而解。

記得在寫這本書時，我發起的「天使讀者」訪談，有一個訪談者問我一個問題：「當妳六十歲時，突然有一天，有人在敲門，妳最希望見到誰呢？」

我當時腦子立馬浮現出一個畫面，在六十歲時，我照常坐在我的書桌前寫作，聽到門鈴聲，因為保養得不錯，身手還算敏捷，快速走過去開門。打開門，是一個四十歲左右，西裝筆挺，沒有見過面的青年人站在門口。

他見到我，問：「這是作家胃寶的家嗎？」

「是的，請問您有什麼事情嗎？」我問。

「您就是作家胃寶老師吧？我在二十幾歲時看過您寫的《大學不知道》，正是這本書給了當時迷茫的我鼓勵和方向。我按照您書中的方法對人生重新做了規畫，畢業不久就創業開了自己的公司，今年公司還上市了。我今天是特別來感謝您當年的這本書對我的啟發之恩……。」

每每想到這個畫面，我的內心就有著無比的動力和憧憬。我何其有幸，在年富力強時，就找到了自己的使命，確定自己將為之奮鬥一生的事業。有人說，什麼滋養了你，你就拿它滋養更多人；什麼拯救了你，你就拿它拯救世界。

在我很小的時候，貧瘠困頓的生活，是那些用生命在寫字的人用作品滋養了我，滋養了我的靈魂，給予了處於困頓中的我無比強大的力量。也是寫作拯救了我，讓我不至於落入平庸，我也希望這一生有幸能接棒成為用生命在寫作的人，就像路遙那一部《平凡的世界》，能夠跨越時空，影響無數的人。

也許我的作品，目前還遠遠達不到這個高度，但只要在我的創作過程中，能有些許光亮，給後來者一點點啟發，照亮他們的路，我覺得這一輩子也就值得了。這也將會是我未來堅持創作的最大動力。

致謝

這本書能順利出版，得到了很多人的支持。在此請允許我真誠的向他們表示感謝。

首先，是我可愛的讀者們，他們還取了一個好聽的稱呼——「豆粉」，在我為新書做訪查時，他們主動報名「天使讀者」訪談，騰出寶貴的時間，跟我分享他們的寶貴故事。在我開始轉型做自媒體時，他們熱切和我探討我的文章內容，分享他們的觀點。

有很多讀者說我是他們的貴人，「您的故事激勵了我，讓我看到榜樣的力量，從而找到自己的方向」。但你們又何嘗不是我的貴人，也正因為有你們的支持，我才能堅持創作到今天。

接著，我想感謝我的家人。雖然我的父母限於學識和認知，給不了我太多的成長指導，但他們教會我做人最基本的善良和真誠。從小到大，他們一直告誡我們姊弟幾人，「只要你們能考得上，我們再苦、再難也會供你們讀書」。對於我們這樣普通家庭出身的孩子，讀書確實是我們唯一改變命運的出路。

並且他們尊重我做出的每一個選擇，當初我選擇滬漂，從來不會用智慧手機的母親，竟然在我獨自到上海的那天晚上，發了一個微信影片給我，只為了看一下我住的地方如何。當時住在青年旅舍的我，收到影片的那一刻，眼淚都要落下來，在心裡暗自告訴自己，一定要做出成績回報他們。

還有我的姊姊郭銀婷，在我大學那段時間，她給我非常多成長方面的指導和幫助。還要感謝我一路上遇到的貴人，我在寫作路上的啟蒙老師《中國青年報》的高級記者陳強，大學時擁有醫學和法律雙博士學位的指導老師楊春治律師，迷茫時給過我指引的陳璐律師、百萬主播蘇陽陽，到上海之後領我跨專業進入網際網路的引路人張海林女士，以及在上海給過我無限關懷的陸天紅女士、武長芝女士、丁燕敏女士。以及一路和我並肩同行的朋友歐皓陳、韋仲磊、Vivian、小眼剛、鐘晴、劉景平、武俊平、王紅霞、王通通、謝亞倩、朱彩鳳等好友，在此由衷的向你們說一聲：「謝謝。」

董卿在《朗讀者》裡說過一句話，也是我信奉的人生原則：記住那些幫助過你的人，不要認為一切都是理所應當，然後在你有能力時，也盡可能去幫助那些需要幫助的人。二〇二二年，下一個新十年的開端，透過寫這本書，讓我把過去成長路上的點點滴滴串聯起來，復盤一路的心路歷程和成長經驗，也讓我對自我有了更深刻的認知。

三十而立，我希望這本書能成為我寫作事業的開端。當四十不惑時，我還可以把下一個十年，見到、聽到、思考到的人生感悟，整理成冊分享給你們。

未來五十知天命，六十耳順，我都想和你們有個一生的約定，希望能和更多人一起終身成長、一起用力生活、一起用力去愛、一起活成我們想要的模樣，過上我們想要過的人生。

感謝這個時代，讓我們有機會盡情追逐自己的夢想，而不是迫於生計困於方寸之間，這是時代賦予我們最好的禮物。

我的貴人說過一句話：「當你找到通往新世界的鑰匙，記得畫一份地圖，讓更多人也能打開那扇大門。」

如今，經過這十年的摸索，我把這份地圖畫出來，希望它也能帶你通往新世界。同時，如果你覺得本書有用的話，請你把這本書推薦給身邊的人，和我一起去點亮更多的生命。願我們每一歲都能奔走在自己的熱愛裡——致敬即將到來的三十歲。

國家圖書館出版品預行編目（CIP）資料

大學不知道：別讓大學放榜那一天，成為你人生最高峰。那些畢業後海放同學的人，都怎麼成長？／郭小玲（Elaine）著.
-- 臺北市：任性出版，2022.11
336 面；17×23 公分 --（issue；44）
ISBN 978-626-7182-01-7（平裝）

1. CST：自我實現　2. CST：生活指導
3. CST：職場成功法

177.2　　111014611

issue 044

大學不知道

別讓大學放榜那一天，成為你人生最高峰。那些畢業後海放同學的人，都怎麼成長？

作　　者／郭小玲（Elaine）
責任編輯／蕭麗娟
校對編輯／江育瑄
美術編輯／林彥君
副總編輯／顏惠君
總 編 輯／吳依瑋
發 行 人／徐仲秋
會計助理／李秀娟
會　　計／許鳳雪
版權主任／劉宗德
版權經理／郝麗珍
行銷企劃／徐千晴
行銷業務／李秀蕙
業務專員／馬絮盈、留婉茹
業務經理／林裕安
總 經 理／陳絜吾

出 版 者／任性出版有限公司
營運統籌／大是文化有限公司
臺北市 100 衡陽路 7 號 8 樓
編輯部電話：（02）23757911
購書相關諮詢請洽：（02）23757911 分機 122
24 小時讀者服務傳真：（02）23756999
讀者服務 E-mail：dscsms28@gmail.com
郵政劃撥帳號：19983366　戶名：大是文化有限公司
法律顧問／永然聯合法律事務所
香港發行／豐達出版發行有限公司 Rich Publishing & Distribution Ltd
地址：香港柴灣永泰道 70 號柴灣工業城第 2 期 1805 室
Unit 1805, Ph. 2, Chai Wan Ind City, 70 Wing Tai Rd,Chai Wan, Hong Kong
電話：2172-6513　傳真：2172-4355
E-mail：cary@subseasy.com.hk

封面設計／林雯瑛
內頁排版／Judy
印　　刷／緯峰印刷股份有限公司
出版日期／2022 年 11 月 初版
定　　價／新臺幣 360 元（缺頁或裝訂錯誤的書，請寄回更換）
ISBN 978-626-7182-01-7
電子書 ISBN／9786267182031（PDF）
9786267182048（EPUB）